Florian Blümm

MIT
WENIG
Geld
UM DIE
Welt

Florian Blümm

MIT WENIG
Geld
UM DIE
Welt

Weltreisen mit nur
30 Euro am Tag

riva

Bibliografische Information der Deutschen Nationalbibliothek

Die Deutsche Nationalbibliothek verzeichnet diese Publikation in der Deutschen Nationalbibliografie. Detaillierte bibliografische Daten sind im Internet über http://dnb.d-nb.de abrufbar.

Für Fragen und Anregungen:

info@rivaverlag.de

Originalausgabe

1. Auflage 2019

© 2019 by riva Verlag, ein Imprint der Münchner Verlagsgruppe GmbH

Nymphenburger Straße 86

D-80636 München

Tel.: 089 651285-0

Fax: 089 652096

Redaktion: Rainer Krause

Umschlaggestaltung: Manuela Amode

Umschlagabbildung: Florian Blümm, Art Alex/shutterstock.com, samui/shutterstock.com

Layout: Isabella Dorsch, Daniel Förster

Satz: Daniel Förster, Belgern

Druck: GGP Media GmbH, Pößneck

Printed in Germany

ISBN Print 978-3-7423-0866-5

ISBN E-Book (PDF) 978-3-7453-0513-5

ISBN E-Book (EPUB, Mobi) 978-3-7453-0514-2

Weitere Informationen zum Verlag finden Sie unter:

www.rivaverlag.de

Beachten Sie auch unsere weiteren Verlage unter www.m-vg.de.

INHALT

EINLEITUNG 9

I. VERWIRKLICHE DEINEN
WELTREISE-TRAUM 13

1. Was kostet eine Weltreise? 15
2. So sparst du für dein Weltreise-Ziel 17
3. Lohnt sich das Arbeiten auf Reisen? 20
4. Machst du ein Brückenjahr nach dem Abschluss? .. 22
5. Was ist besser, Sabbatjahr oder Kündigung? 24
6. Was gilt für Selbstständige und Freiberufler? 26
7. Wohnung untervermieten oder kündigen? 29
8. Welche Vor- und Nachteile hat das Alleinreisen? .. 31
9. Wie ist es, mit Partner oder Familie zu reisen? 33
10. Was sind die Vor- und Nachteile einer Weltreise? 36
11. Was ist eigentlich eine Weltreise? 38

II. BESTIMME DEINE REISELÄNDER
UND REISEDAUER 41

1. Wie lange dauert eine Weltreise? 42
2. Wie lange willst du an einem Ort bleiben? 44
3. Welche Überlandstrecken lohnen sich? 46
4. Welche Länder solltest du besser meiden? 48
5. Welche einfachen Länder eignen sich für Anfänger? 50

6. Wann ist die beste Reisezeit nach Region? 52

7. Welche Länder sind Kostenfallen? 54

8. Wie vermeidest du Massentourismus? 56

9. Was sind Highlights in aller Welt? 58

10. Welche farbenfrohen Festivals lohnen sich? 60

11. Welche Reiseländer sind beliebt? 64

III. FINDE GÜNSTIGE WELTREISE-FLÜGE .. 67

1. Flugexperten und Schnäppchenflüge 69

2. Round-the-World-Tickets 71

3. Round-Trip-Flüge ab 800 Euro 73

4. Gabelflüge mit der Acht ab 1000 Euro 75

5. Flexibel mit One Ways ab 1200 Euro 77

6. Stopover: Zwei Flüge zum Preis von einem 79

7. Günstige Kurzstreckenflüge finden 81

8. One-Way- und Weiterflugticket 83

9. Günstige Flüge in zwei Schritten 85

10. Weitere Tipps zur Flugsuche 87

11. Rechte bei Flugverspätung und -annullierung 89

12. Weltreise ohne Fliegen 91

IV. PLANE DEINE REISEROUTE 93

1. Schritt für Schritt zur Reiseroute 94

2. Auf zwei Beispielrouten um die Welt 96

3. Schätze dein Reisebudget ab 99

4. Beispiel A: Meine Reisekosten für ein Jahr 101

5. Beispiel B: Meine Reisekosten für sieben Jahre ... 103

V. SPARE KOSTEN BEIM REISEN 105

1. Schone die Reisekasse beim Übernachten 106
2. Ertausche eine Gratisunterkunft 108
3. Spare beim Essen und Trinken 110
4. Reise günstig auf dem Landweg 112
5. Beim Selbstfahren kannst du Geld sparen 114
6. Nutze möglichst oft den Nahverkehr 116
7. Plane Aktivitäten und mache Touren auf eigene Faust 119
8. Lies Reiseführer, um günstig zu reisen 121
9. Spare schon beim Abheben und Bezahlen 123
10. Optimiere mit weiteren Spartipps 125
11. Reise günstig – reise nachhaltig 127
12. Aber sei kein Geizhals und reise ethisch 129

VI. LERNE PRAKTISCHE SPARTIPPS
FÜR 13 REISEZIELE 131

1. Äthiopien 133
2. Bali und Java 136
3. China 138
4. Indien und Nepal 140
5. Malaysia und Singapur 142
6. Mexiko 144
7. Mongolei 146
8. Patagonien 148
9. Sri Lanka 150
10. Südperu und Bolivien 152
11. Südwesten der USA 154

12. Thailand   156

13. Vietnam   158

VII. BEREITE DEINE WELTREISE VOR   161

1. Reisepass und wichtige Dokumente   163

2. Visa und Einreiseerlaubnis   165

3. Impfungen und Reiseapotheke   167

4. Gebührenfreie Kreditkarte   169

5. Packtipps und leichtes Reisen   171

6. Digitale Packliste und Apps   174

7. Abmelden des Wohnsitzes   176

8. Auslandskrankenversicherung   178

9. Kündigen der Krankenversicherung   180

10. Abmelden und kündigen   182

VIII. LISTEN UND LINKS   185

1. Packliste für Handgepäck   186

2. Nützliche Webseiten auf einen Blick   188

3. Inspirationsquellen für Reisende   194

4. Digitale Unterhaltung für unterwegs   197

5. Liste der Langstrecken-Billigflieger   199

6. Liste der Kurzstrecken-Billigflieger   203

7. Tipps für bessere Fotos   205

EINLEITUNG

*E*ine Reise um die Welt. Das war bei einer Umfrage unter Lotto-spielern die häufigste Antwort auf die Frage, welchen Traum sich die Befragten mit einem Millionengewinn erfüllen wür-den. Aber stimmt das überhaupt, muss eine Reise in ferne Länder im-mer gleich unbezahlbar sein? Ich sage dir: Eine Weltreise kostet zwar, aber eben nicht die Welt.

Meinen Traum vom Langzeitreisen habe ich mir 2011 erfüllt. In acht Reisejahren, die ich zuerst allein unterwegs gewesen bin, dann zu zweit mit meiner Freundin, habe ich gerade mal 8212 Euro pro Jahr ausgege-ben. Das sind 22,50 Euro pro Tag – darin enthalten alle Flüge, Unter-künfte, Mahlzeiten, Versicherungen und alles, was man sonst so im Alltag braucht.

Eine Weltreise muss also nicht teuer sein. Allerdings ist eine Welt-reise auch kein klassischer Urlaub, bei dem du eine Sehenswürdigkeit nach der anderen abhakst, jeden Tag auf Shoppingtour gehst und an-schließend in einem schicken Res-taurant zu Abend speist. Wenn du dich auf deiner Weltreise so ver-hältst, wird dir schnell das Geld ausgehen. Aber wenn du genauso lebst wie zu Hause, wirst du locker mit 30 Euro pro Tag auskommen.

> »Besser etwas einmal zu sehen, als hundert Mal davon zu hören.«
>
> RUSSISCHES SPRICHWORT

Mein Buch soll dir helfen, Schritt für Schritt deinen Traum in die Tat umzusetzen. Dieses Buch hätte ich mir gewünscht, als ich zu mei-ner Reise aufgebrochen bin. Es soll ein Wegweiser für dich sein und alle Fragen beantworten, die dich als zukünftigen Langzeitreisenden beschäftigen.

Das beginnt im ersten Teil mit einem genauen Blick auf die Kosten und mit Tipps, wie du das Geld für eine Weltreise zusammensparen kannst. Es geht um Möglichkeiten, unterwegs Geld zu verdienen. Entscheide dich anhand der Vor- und Nachteile, ein Sabbatjahr einzulegen, deinen Job zu behalten, oder zu kündigen. Als Selbstständiger oder Freiberufler hast du noch weitere Optionen. Eine wichtige Frage ist für dich auch, ob du allein, mit Partner oder sogar mit deiner Familie und Kindern reisen sollst. Für all diese grundlegenden Fragen bekommst du hier Entscheidungshilfen.

Den größten Einfluss auf die Kosten einer Weltreise hat die Auswahl der Reiseländer. Es kommt immer wieder vor, dass du von einem Tag auf den anderen doppelt so viel für ähnliche Leistungen zahlst, nur weil du gerade die Grenze zum Nachbarland überquert hast. Zwischen den Weltregionen gibt es noch viel größere Unterschiede. So reist und lebst du in Südostasien viel günstiger als in Nordamerika. Welche Routen Sinn machen und welche teuren Länder du besser meidest, das erfährst du im zweiten Teil.

Die meisten Weltreisenden geben zu viel Geld für Flüge aus. Wenn du einfach drauflos fliegst oder gar ein teures Round-The-World-Ticket kaufst, gibst du schnell 4000 bis 5000 Euro nur für Flüge aus. Wenn du weißt, wie man an günstige Flüge kommt, kannst du viel Geld sparen. Und anders als bei günstigen Unterkünften musst du bei günstigen Flügen kaum auf Komfort verzichten. Ausführliche Tipps zum preiswerten Fliegen findest du im dritten Teil.

Dein persönlicher Reisestil ist der nächste große Faktor. Dazu gehören vor allem deine Ansprüche an Unterkünfte und Transportmittel, aber auch deine Reisegeschwindigkeit. Wichtig ist natürlich auch, was du eigentlich auf der Reise machen willst.

Eine Safari kann teuer werden, während selbst organisierte Ausflüge sehr wenig kosten. Sprachkurs oder Tauchkurs liegen im Mittelfeld. Worauf du achten musst und wo du überall Kosten sparen kannst, das erfährst du im vierten Teil.

Jedes Land ist besonders. Das heißt auch: In jedem Land gibt es nur dort geltende Spartipps. Welche das für ein gutes Dutzend beliebte Weltreiseziele sind, das kannst du im fünften Teil nachlesen.

Schon vor der Reise kommen einige Ausgaben auf dich zu, für Ausrüstung, Impfungen und Versicherungen. Was du genau brauchst und wie du deine Reisevorbereitung optimieren kannst, erfährst du im sechsten Teil.

Wie du dein Reisebudget berechnest, erfährst du im siebten und vorletzten Teil. Und abschließend erhältst du eine Reihe von nützlichen Listen zum Packen, zu informativen Webseiten, Langstrecken- und Kurzstrecken-Billigfluggesellschaften sowie zum Fotografieren unterwegs.

Der Aufwand, der mit einer Weltreise verbunden ist, ist nicht zu unterschätzen. Aber wenn du dich an meine Tipps hältst, wird es dir leichter fallen, deinen Traum wahr werden zu lassen. Und wenn du erst unterwegs bist, wirst du feststellen, dass alles viel einfacher ist, als du es dir zu Hause vorgestellt hast. Reisen war noch nie so einfach wie heute. Ich bin der beste Beweis dafür. Und wenn ich es geschafft habe, schaffst du es auch.

GEBRAUCHSANWEISUNG FÜR DIESES BUCH

Infoboxen wie diese fassen alles Wichtige kurz und kompakt zusammen. So kannst du gezielt nach etwas suchen, ohne das Buch noch einmal komplett lesen zu müssen. Nutze die Zeit lieber für Planung und Vorfreude.

Meine konkreten Tipps und Tricks an dich stehen im Vordergrund. Reisegeschichten werden nur am Rande erzählt. Es geht um deine Weltreise, nicht um meine. Wenn dich meine Reise interessiert, schau dich gern auf meinem Blog *flocutus.de* um.

Dieses Buch basiert auf vielen Jahren Reiseerfahrung. Aber natürlich kann ich keine Gewähr für Aktualität und Korrektheit übernehmen.

I.

VERWIRKLICHE DEINEN WELTREISE-TRAUM

Viele Menschen träumen davon, eine Weltreise zu machen, für ein paar Monate, ein Jahr oder sogar länger aus dem Alltag auszusteigen. Aber du bist bei der Verwirklichung deines Reisetraums schon deutlich weiter und entschlossener als die meisten, denn sonst hättest du dir dieses Buch nicht gekauft. Trotzdem hast du sicherlich viele Bedenken. Die kommen nicht nur von dir, sondern auch aus deinem Umfeld. Wahrscheinlich hat dich deine Familie für verrückt erklärt und versucht dir die Weltreise auszureden. Willkommen im Club – mir ging es genauso!

Das heißt aber nicht, dass du deine Sorgen und die deiner Familie nicht ernst nehmen solltest. Schließlich kommen viele Herausforderungen auf dich zu. Wie finanzierst du eine Weltreise und wie bereitest du sie vor? Was ist besser: den Job kündigen oder ein Sabbat-Jahr einlegen? Welche Reiserouten sind empfehlenswert? Welche Transportmittel sind am besten? In diesem Buch bekommst du die Fragen beantwortet. Wirklich bereit zum Losreisen bist du aber erst, wenn deine Zweifel weitgehend beseitigt sind.

Aber jetzt atme erst einmal durch. Es gibt keinen Grund, Angst vor einer langen Reise zu haben. Wenn du dich mithilfe meines Buchs gut vorbereitet hast, ist das Wichtigste erledigt. Der Rest ergibt sich. Schließlich sind vor dir schon viele Millionen Reisende in die Welt aufgebrochen. Die meisten davon waren keine Extremabenteurer, sondern Leute wie du und ich. Dank ihnen und des Internets ist das Reisen heute einfacher und günstiger als jemals zuvor. Die Wege sind zum größten Teil bereitet, aus dem Web kannst du jederzeit Informationen abrufen oder online Flüge und Übernachtungsplätze reservieren.

Du hast den besten Zeitpunkt für eine Weltreise erwischt. Klar, vielleicht wird nächstes Jahr alles noch leichter und preiswerter. Aber wenn du versuchst, den absolut perfekten Zeitpunkt abzupassen, dann kannst du lange warten. Es gibt immer einen Grund, nicht auf Weltreise zu gehen. Du hast zu viele Verpflichtungen und willst dein schönes Leben nicht riskieren? Das gilt morgen auch noch und übermorgen sowieso. Es ist immer unbequem, aus dem Alltag auszubrechen.

Viele von uns nehmen sich vor zu reisen, wenn sie in Rente sind. Aber es gibt kaum weltreisende Rentner. Wer weiß, ob du im Alter deine geplante Reise noch machen kannst oder willst? Natürlich kann man auch im Alter noch reisen. Aber Reisestrapazen wirst du nicht so einfach ertragen wie in jüngeren Jahren. Außerdem wird die Welt sich ändern, und es gibt keine Garantie, dass alles besser wird. Hätte ich am Anfang meiner eigenen Weltreise Syrien besucht, hätte mich ein lohnenswertes Reiseland erwartet. Jetzt ist es dort zu gefährlich. Viele Weltkulturgüter wie die Altstadt von Aleppo sind zerstört. Doch mit dem Syrien-Krieg hatte damals niemand gerechnet. Noch viel größere Folgen wird wohl die Klimaerwärmung bringen.

> »Wer will, findet Wege, wer nicht will, findet Gründe.«
>
> SPRICHWORT

Auf der Weltreise lernst du außerdem für das Leben. Eine Reise um den Globus öffnet dir Horizonte und prägt deine Weltsicht nachhaltig. Du wirst als ein anderer Mensch mit mehr Erfahrung über fremde Länder, andere Menschen und dich selbst zurückkommen. So eine Reise kann nach der Rückkehr zum Fundament eines gelungenen Lebens beitragen. Wenn du erst nach dem Berufsleben reist, verschwendest du diesen Vorteil. Eine Fortbildung machst du ja auch nicht erst als Rentner.

Jetzt ist also der beste Zeitpunkt, um deine Weltreise zu planen. Das heißt nicht, dass du überstürzt alles hinwerfen sollst, um nächsten Monat abzureisen. Die Vorbereitung braucht Zeit, vor allem wenn du noch nicht genug Geld beisammen hast. Du musst Job, Wohnung und deinen Besitz regeln.

Laufende Verträge und Versicherungen gehören auf Eis gelegt. Und es gibt bessere und schlechtere Monate für den Start. Mehr zu diesen Themen und der Frage nach dem Reisepartner findest du auf den folgenden Seiten.

SCHLUSS MIT DIESEN WELTREISE-MYTHEN!

Glaub nicht alles, was über das Weltreisen behauptet wird.
Dieses Buch zeigt dir:

- Weltreisen muss **nicht** viel Geld kosten.
- Fernreisen sind **nicht** per se gefährlich.
- Mehrmonatige Reisen bedeuten **keinen** Karriereknick.
- Alleinreisende sind **nicht** einsam.
- Auch mit Partner und Familie musst du **nicht** auf deinen Traum verzichten.

1. WAS KOSTET EINE WELTREISE?

Die häufigste Frage zum Abenteuer Weltreise ist, wie viel sie eigentlich kostet. Das ist wie die Frage, was ein Auto kostet. Du kannst 20.000 Euro für einen Mittelklasse-PKW ausgeben oder 10.000 Euro für einen Kleinwagen. Wenn du anspruchslos und pragmatisch bist, findest du auch einen älteren Gebrauchtwagen für 6000 Euro.

Auf der Weltreise sind die Kosten ebenfalls von deinen Ansprüchen und Wünschen abhängig. Die Preisspanne pro Monat kann zwischen 500 Euro und 2000 Euro liegen. Die meisten Weltreisenden kommen mit 1000 Euro pro Monat und Person aus. Wenn du dich an die Tipps in diesem Buch hältst, wirst du im Durchschnitt bei unter 30 Euro pro Tag, also 900 Euro pro Monat und Person bleiben. Dabei sind Flüge, Übernachtungen, Versicherungen und alle weiteren Kosten inklusive.

Meine eigene Weltreise kostete mich 9249 Euro für das erste Kalenderjahr. Das sind genau 25,34 Euro pro Tag oder 771 Euro pro Monat. Ich habe dabei immerhin sechzehn Länder besucht, fünf davon aber nur auf der Durchreise.

Am meisten hat mich in diesem Jahr das Essen und Trinken gekostet mit 1991 Euro. Weitere große Posten waren Übernachtungen für 1182 Euro, Flüge für 1192 Euro und andere Transportmittel für 1260 Euro. Dazu kommen sonstige Ausgaben für zum Beispiel Visa, Versicherung und Aktivitäten von insgesamt 2227 Euro und »Luxuskosten« für zum Beispiel Bier, guten Kaffee und Elektronik von 1410 Euro.

Ist das weniger Geld, als du gedacht hast? Wenn du deine Alltagskosten zusammenrechnest, kommst du wahrscheinlich auf einen höheren Monatsbetrag. Reisen kann also günstiger sein, als daheim zu bleiben.

Natürlich verdienst du beim Reisen kein Geld und musst dir vorher dein ganzes Budget zusammensparen. Wie du das machst und was es für Alternativen gibt, das erfährst du im folgenden Kapitel.

MEINE WELTREISEKOSTEN IM ÜBERBLICK

- Mein erstes Jahr auf Weltreise kostete 771 Euro im Monat.
- Ich reise seit bald acht Jahren nonstop für im Schnitt 684 Euro im Monat.
- Ja, ich habe jeden Euro gezählt, es ist alles inklusive.

WARUM SOLLTEST DU AUF MICH HÖREN?

- Seit zehn Jahren blogge ich zu Backpacking und Weltreise.
- Ein Jahr habe ich als Flugexperte bei *Flightfox* gearbeitet.
- Mein Reiseblog ist eines der meistgelesenen im deutschen Sprachraum.

2. SO SPARST DU FÜR DEIN WELTREISE-ZIEL

Eine Reise wird nichts ohne das Ansparen einer Reisekasse. Sparen heißt verzichten, und dazu musst du motiviert sein. Die Sparphase muss aber nicht schrecklich sein. Das Wichtigste ist deine Einstellung. Wenn die stimmt, kann das Sparen sogar sinnschaffend wirken. Überlege dir dazu, wie dich die Weltreise für deine Sparsamkeit belohnt. Erinnere dich täglich daran, indem du zum Beispiel eine Weltkarte gut sichtbar in deine Wohnung hängst. So hast du dein Sparziel immer im Blick.

Eine weitere Motivation zum Sparen kann Geo Arbitrage sein. Der Begriff kommt aus der Wirtschafts- und Finanzwelt. Es geht um das effiziente Nutzen von weltweit unterschiedlichen Lohnniveaus und Lebenshaltungskosten. Das Prinzip haben Rucksackreisende übernommen, die in günstigen Backpacker-Ländern reisen. Digitale Nomaden gehen sogar noch einen Schritt weiter und verdienen ihr Reisegeld dort, wo in Euros oder US-Dollar bezahlt wird, und geben es als Pesos oder Baht wieder aus.

Der Verzicht auf ein Mittagessen beim heimatlichen Inder oder Vietnamesen fällt leichter, wenn du daran denkst, dass du unterwegs dafür fünf Mittagessen in Indien oder Vietnam bekommst. Und für jeden nicht bestellten Cappuccino in deinem Lieblingscafé schlürfst du drei Cappuccinos in Thailand oder Bolivien. Ist das ein guter Sparzins oder nicht?

Natürlich kannst du auf Cappuccino und Chai Latte nur verzichten, wenn du sie überhaupt so gern trinkst wie ich. Damit du sparen kannst, musst du also erst mal wissen, wofür du eigentlich Geld ausgibst. Schreib dir mindestens eine Woche lang deine Ausgaben auf. Schau dir die Posten an und versuche, alles Unnötige zu senken. Da gibt es sicher einige Überraschungen. Übertreibe es ruhig und spare aggressiv. Es ist ja nur vorübergehend, und je besser du sparst, desto eher kannst du los.

Unbedingt verzichten solltest du darauf, essen zu gehen und Kneipen zu besuchen. Koche selbst und nimm für die Mittagspause belegte Brötchen mit. Kaufe außer Lebensmitteln und Gebrauchsgegenständen am besten nichts anderes mehr ein, also wirklich gar nichts. Du brauchst vor der Reise keine neue Kleidung und schon gar keine Wohnungseinrichtung. Das Zeug kannst du eh nicht mitnehmen. Wenn du Reisezubehör brauchst, kaufe es gebraucht. Oder noch besser: Lass es dir schenken.

Wenn du zur Weltreise deine Wohnung sowieso aufgeben willst, kannst du schon in der Sparphase in eine kleinere Wohnung ziehen oder in eine WG. Oder mache, wenn möglich, deine Wohnung zur WG. Kündige Abos, die du eh kündigen wirst, schon in der Sparphase. Recherchiere günstigere Gastarife, Stromtarife und Handytarife – auch Prepaid.

Vereinbare ein Sparziel pro Monat. Um in einem Jahr 6000 Euro anzusparen, musst du 500 Euro monatlich zur Seite legen. Am besten richtest du einen Dauerauftrag für ein Weltreise-Sparbuch ein. So hältst du dich automatisch an die Sparrate.

Berücksichtige die Steuerrückzahlung. In einem Kalenderjahr, in dem du weniger als zwölf Monate arbeitest, bekommst du die zu viel vorausbezahlten Steuern zurück. Optimalerweise kündigst du etwa zur Jahreshälfte. Meine Steuerrückzahlung bei Kündigung zum September hat das Budget für gut zwei Reisemonate gefüllt. Das gleiche gilt für die Rückkehr. Wenn du zur Jahreshälfte zurückkommst und eine neue Arbeit aufnimmst, bekommst du im Folgejahr wieder eine Rückzahlung.

Natürlich kannst du nicht nur Geld sparen, indem du Kosten senkst, sondern auch durch höhere Einnahmen. Das kann ein Nebenjob sein oder ein anderer Zuverdienst. Verkaufe zum Beispiel einen Großteil deiner Sachen auf dem Flohmarkt, auf eBay oder über eBay-Kleinanzeigen. So fällt der Auszug leichter. Nach der Weltreise bleiben dir viele schöne Erinnerungen und wahrscheinlich ein Hang zum Minimalismus. Nachdem du erlebt hast, wie wenig du brauchst, um glücklich zu sein, wirst du mit viel weniger Konsum auskommen.

> »Wem genug zu wenig ist, dem ist nichts genug.«
>
> EPIKUR

Dass Erfahrungen wichtiger sind als Dinge, weißt du schon, sonst würdest du keine Weltreise machen wollen. Im Idealfall kannst du den Minimalismus auch schon vor der Weltreise ausleben.

TIPPS FÜR DIE SPARPHASE

- Motivation ist wichtig, denk an die Belohnung.
- Dank Geo Arbitrage zählt jeder gesparte Euro mehrfach.
- Zähle deine Ausgaben, um Sparpotenziale zu finden.
- Schaffe vor der Weltreise nichts mehr an.
- Senke laufende Kosten wie Miete und Verträge.
- Richte einen Dauerauftrag für ein Weltreise-Konto ein.
- Verkaufe unnötige Sachen in Kleinanzeigen.

3. LOHNT SICH DAS ARBEITEN AUF REISEN?

Sparen und abwarten, bis das Geld reicht, ist alles andere als sexy. Umso verheißungsvoller klingt es, unterwegs Geld zu verdienen. Dann musst du nur noch einen Teil der Reise vorfinanzieren. Wenn du 35 Jahre oder jünger bist, kannst du als Deutscher und als Österreicher ein Visum für Work & Travel erhalten. Mit so einem Visum kannst du während deiner Reise legal arbeiten. Beliebt für Work & Travel sind Australien, Neuseeland und Kanada. In diesen Ländern ist die Sprachbarriere klein, es gibt einen ordentlichen Mindestlohn und saisonal Bedarf an Erntearbeitern. Auch in Brasilien, Chile und selbst in Japan oder Südkorea ist das Reisen und Arbeiten möglich. Als Sprachlehrer oder Au-pair stehen dir noch weitere Länder offen, zum Beispiel Thailand und China.

Ohne Startkapital geht auch Work & Travel nicht. Um zum Beispiel das Arbeitsvisum für Kanada zu erhalten, musst du ausreichende Mittel für den Aufenthalt vorweisen. Das sind derzeit 2500 kanadische Dollar, ca. 1650 Euro. Zusätzlich wird eine Bearbeitungsgebühr von 150 kanadischen Dollar, knapp 100 Euro, fällig. Für das Australien-Visum musst du sogar 5000 australische Dollar, rund 3150 Euro, bezahlen plus noch einmal 450 australische Dollar, ca. 280 Euro, an die Einwanderungsbehörde. Weitere Voraussetzung ist bei allen Ländern der Nachweis einer Krankenversicherung.

Du kannst auch ohne Visum und ohne Arbeitserlaubnis im EU-Raum sowie in Norwegen und der Schweiz arbeiten. Besonders interessant ist das in den Übersee-Gebieten von einigen EU-Staaten, wenn es sich um »Gebiete in äußerster Randlage« (GÄR) handelt. Dort gilt größtenteils EU-Recht. In Afrika betrifft das zum Beispiel die Inseln La Réunion und Mayotte und in der Karibik die Inseln Guadeloupe und Martinique. In den »überseeischen Ländern und Hoheitsgebieten« (ÜLG) von Dänemark, Frankreich und den Niederlanden ist das Recht auf freie Arbeitsplatzwahl für EU-Bürger dagegen stark eingeschränkt. Das ist beispielsweise bei Aruba und Französisch-Polynesien der Fall.

Mach dir bitte keine Illusionen über den Zeitaufwand für die Organisation und natürlich die Arbeitszeit selbst. Während des Work & Travel arbeitest du zwar in einem fremden Land und erlebst einen Teil der Kultur. Aber du wirst kaum Zeit und Muße finden herumzureisen. Auch solltest du die Möglichkeit, Geld anzusparen, nicht überschätzen. Das geht in deinem Job daheim wahrscheinlich viel besser.

Viel freier als bei Work & Travel kannst du als digitaler Nomade durch die Welt ziehen. Digitale Nomaden arbeiten ortsunabhängig von unterwegs, ihr Arbeitsplatz ist dort, wo es einen Internetzugang gibt. Klingt super, oder? Ist es auch, wenn dein Solo-Unternehmen schon in Schwung gekommen ist. Aber bis es so weit ist, musst du viel Zeit, Arbeit und Herzblut in dein Business stecken. Dafür ist eine Weltreise leider nicht der richtige Zeitpunkt.

Als Freiberufler kannst du auch von unterwegs arbeiten, nach Stundenlohn oder für kleine Festpreis-Projekte. Dabei ist die Anlaufphase viel kürzer. Wenn du allerdings keine relevante Berufserfahrung und keine Kunden hast, wirst du nicht viel verdienen. Auf Freelancer-Portalen wie *Upwork* sind die Preise im freien Fall.

Work & Travel und das digitale Nomadentum liegen im Trend. In sozialen Medien hörst du immer wieder, wie einfach es angeblich ist, im Liegestuhl am Strand zu arbeiten. Aber Arbeit ist Arbeit, egal ob im Büro oder in Thailand. Du musst viel Zeit dafür einkalkulieren. Du kannst dich nicht ungestört auf die Reise einlassen. Auch wenn es weh tut, spare lieber noch ein paar Monate länger und genieße dann eine Weltreise ohne dauernde Geldsorgen. Wenn du schon unterwegs bist und dir das Geld auszugehen droht, kann das Zuverdienen natürlich eine Notfallmaßnahme sein. Aber auch das ist nicht von heute auf morgen organisiert.

LÄNDER FÜR WORK & TRAVEL

- bis 25 Jahre: Singapur (nur Studenten);
- bis 30 Jahre: Argentinien, Australien, Brasilien, Chile, Hongkong, Israel, Japan, Neuseeland, Südkorea, Taiwan, Uruguay;
- bis 35 Jahre: Kanada;
- EU-GÄR: Azoren, Französisch-Guyana, Guadeloupe, Kanaren, La Réunion, Madeira, Martinique, Mayotte, St. Martin.

STARTKAPITAL-NACHWEIS FÜR WORK & TRAVEL

- ca. 3400 € Australien,
- ca. 2500 € Neuseeland,
- ca. 1750 € Kanada,
- jeweils plus Flug, Krankenversicherung, Visa.

4. MACHST DU EIN BRÜCKENJAHR NACH DEM ABSCHLUSS?

Zeitlich perfekt passt eine längere Reise, nachdem du mit einem Abschluss oder einer Ausbildung fertig bist. Du musst keinen Job kündigen, hast wahrscheinlich kein Auto und ziehst vielleicht sowieso um. Es ist ganz normal, nach der Schule oder Universität ein Brückenjahr im Ausland zu machen. So ein Gap Year, wörtlich übersetzt »Lückenjahr«, wird von jungen Menschen beinahe schon erwartet.

Auch du selbst bist nach dem Abschluss ein idealer Reisender. In jungen Jahren bist du weltoffen, fit und neugierig. Du erträgst Kulturschocks genauso gut wie lange Busfahrten und durchgelegene Matratzen. Der Auslandsaufenthalt macht sich bestens in deinem noch kurzen Lebenslauf. Du kannst die Zeit außerdem nutzen, dir zu überlegen, was du mit dem Abschluss später machen willst.

Gar nicht perfekt ist dieser Zeitpunkt leider für die Reisekasse. Selbst wenn du neben Schule oder Uni jobbst, wirst du nur mit eisernem Willen genug Geld für eine Weltreise beiseitelegen können. Die meisten Gap-Year-Reisenden machen deshalb mehrere Monate Work & Travel. Auch ein freiwilliges soziales oder ökologisches Jahr kann Kosten senken.

Für Work & Travel musst du, wie im vorigen Kapitel aufgelistet, ein Startkapital von 1600 bis 3200 Euro nachweisen. Damit kannst du auch mehrere Monate reisen, ohne zu arbeiten. Voraussetzung dafür sind günstige Reiseländer. Beschränke dich auf Südasien, Südostasien oder Südamerika. So kommst du rund halb so günstig weg wie bei einer Weltreise. Mit 400 Euro pro Monat Indien und Nepal zu erkunden, das geht nach meiner Erfahrung sehr gut.

Wenn du willst, kommst du auch mit 5000 Euro um die Welt. Wenn du zeltest und trampst oder mit dem Fahrrad fährst, kostet es sogar noch weniger. Aber dazu musst du wirklich sehr sparsam reisen und auf vieles verzichten. Eine normale Weltreise solltest du dir erst dann vornehmen, wenn du wirklich ausreichend Geld hast, etwa im fünfstelligen Bereich.

Das soll nicht heißen, dass eine Ultra-Low-Budget-Reise schlecht wäre. Ganz im Gegenteil: Je weniger Geld du ausgibst, desto intensiver reist du. Viele meinen, dass ein kleines Budget eine Beschränkung ist. Es ist aber auch eine Bereicherung, weil du gezwungen wirst, kreativ und abseits der Touristenpfade zu reisen. Du musst dich außerdem viel stärker auf die Menschen vor Ort einlassen.

Überlege dir, ob du für eine solche anstrengende Weltreise der richtige Typ bist. Vielleicht macht es für dich mehr Sinn, direkt nach dem Abschluss zwei Jahre zu arbeiten. Danach kannst du mit ausreichendem finanziellem Polster aufbrechen und hast mehr Freiraum auf der Weltreise. Ich hatte nach meinem Studium gut ein Jahr lang einen Job mit Einstiegsgehalt und bin erst dann aufgebrochen. Das hat für mich gut funktioniert.

KOSTEN FÜR SECHS MONATE LOW-BUDGET-BACKPACKING

Vergleiche diese Kosten mit der vorherigen Infobox zum Startkapital für Work & Travel.

- 3600 € Ecuador, Peru und Bolivien,
- 3000 € Thailand, Laos, Kambodscha und Vietnam,
- 2400 € Indien und Nepal,
- jeweils plus Flug, Versicherung, Visa.
- Eine richtige Weltreise für ein Jahr oder länger kostet eher im fünfstelligen Bereich.

5. WAS IST BESSER, SABBATJAHR ODER KÜNDIGUNG?

Du bist fest angestellt? Dann ist in der Regel nicht das Geld das Problem, sondern die Zeit. Es gibt mehrere Modelle, um ein Jahr Urlaub zu nehmen und deinen Job zu behalten. Da muss aber dein Arbeitgeber mitspielen. Ansonsten bleibt noch die Kündigung.

Wenn du zufrieden mit deinem Job bist und ihn nur ungern aufgibst, rede auf jeden Fall erst mit deinem Chef. Du kannst zwei Modelle vorschlagen. Im Modell eins lässt du das Arbeitsverhältnis für die Zeit der Weltreise ruhen im unbezahlten Urlaub. Alle Kündigungsregeln und der Inhalt des Arbeitsvertrags bleiben in Kraft. Nachdem du zurück bist, nimmst du die Arbeit wieder mit neuen Kräften auf.

Komplizierter ist das zweite Modell, das Sabbatjahr oder Sabbatical. Stell dir vor, du verdienst zwei Jahre lang nur zwei Drittel vom normalen Lohn. Im dritten Jahr nimmst du frei und bekommst weiterhin zwei Drittel von deinem Gehalt. Es sind natürlich auch andere Zeiträume möglich. Es geht nur darum, dein Einkommen aus der Ansparphase über die Reisezeit zu verteilen. Alternativ kannst du auch Überstunden, Urlaubstage und Sonderzahlungen auf einem Zeitkonto ansparen.

Mit dem unbezahltem Urlaub oder einem Sabbatical muss dein Arbeitgeber einverstanden sein. Frage erst informell an und falle ihm nicht gleich mit einer Formvorlage ins Haus. Betone im Gespräch die Vorteile für den Arbeitgeber. Weise auf die erhöhte Leistungsfähigkeit schon vor der Reise hin und erst recht nach der Rückkehr. Kleine Unternehmen sträuben sich oft, weil sie die Suche nach einer Vertretung scheuen. Umso besser, wenn du dafür eine Lösung hast. Wenn dein Chef einverstanden ist, halte im zweiten Schritt unbedingt alles schriftlich fest. Einfacher haben es Beamte und Angestellte im öffentlichen Dienst. Sie haben normalerweise Anspruch auf ein Sabbatjahr oder sogar -jahre. Das gilt auch für Österreich und die Schweiz.

Ist dein Arbeitgeber nicht einverstanden mit deinen Vorschlägen, bleibt nur die Kündigung. Das heißt aber nicht, dass du nach der Reise aufgeschmissen bist. Du kannst dich in den letzten Wochen der Reise bereits um einen neuen Job bewerben. Du bekommst außerdem Arbeitslosengeld, wenn du in den zwei Jahren vor der Reise mindestens zwölf Monate angestellt warst. Melde dich unbedingt vor der Weltreise bei der Agentur für Arbeit, sobald die Kündigung spruchreif ist. So kannst du dir den Anspruch auf Arbeitslosengeld für vier Jahre sichern. Es reicht, wenn du dich für einen Tag arbeitslos und arbeitssuchend meldest und dich dann sofort wieder abmeldest. Nach deiner Rückkehr sind dann auch die zwölf Wochen Sperrfrist wegen eigener Kündigung abgelaufen. Du beziehst also ab dem ersten Tag nach der Rückkehr Geld und bist automatisch krankenversichert.

Eine letzte Möglichkeit für einen längeren Urlaub ist die Elternzeit. Die ist gesetzlich garantiert, egal was der Arbeitgeber davon hält. Mehr dazu im Kapitel »Reisen mit Partner oder Familie«.

Eine Weltreise muss kein Karriereknick sein. Ganz im Gegenteil, aus dem richtigen Blickwinkel kann die Weltreise zum Vorteil im Beruf werden. Überzeuge deinen Arbeitgeber vom Sabbatjahr oder nutze die Weltreise als Einstellungsgrund, indem du die beruflichen Vorteile betonst. Auf einer langen Reise stärkst du dein Organisationstalent.

EINSTELLUNGSGRUND WELTREISE

Eine Weltreise ist kein Karriereknick. Mit diesen Argumenten überzeugst du deinen Arbeitgeber von einem Sabbatjahr oder nutzt die »Lücke im Lebenslauf« als Einstellungsgrund für zukünftige Jobs:

- Weltreisende beweisen Organisationstalent.
- Nach einem Jahr in aller Welt kannst du super improvisieren.
- In fremden Ländern stärkst du dein Verhandlungsgeschick.
- Als Reisender wirst du an selbstständiges Handeln gewöhnt.
- Du zeigst deine hohe Belastbarkeit.
- Mit so vielen neuen Freunden in aller Welt wirst du aufgeschlossen.
- Du trainierst ungemein deine Fremdsprachenkenntnisse.

6. WAS GILT FÜR SELBSTSTÄNDIGE UND FREIBERUFLER?

Du bist selbstständig oder Freiberufler? Dann musst du nicht kündigen, schließlich bist du dein eigener Chef. Nach dem Abschluss laufender Projekte kannst du theoretisch losziehen. In der Praxis ist das natürlich nicht so einfach. Du willst deine Karriere ja nicht an den Nagel hängen, sondern nach der Weltreise wieder durchstarten. Das musst du vorbereiten.

Du kommst nicht wie ein Angestellter zurück und beziehst sofort Arbeitslosengeld, bis du einen neuen Job findest. Deshalb musst du Geld zurücklegen für die Zeit nach der Weltreise. Du bist außerdem privat oder freiwillig gesetzlich krankenversichert. Deshalb kann sich während der Reise eine Anwartschaft lohnen, eine spezielle Versicherung. Dadurch werden die vor der Reise geltenden Versicherungsbedingungen eingefroren. Nach der Rückkehr kann die Krankenversicherung unverändert fortgeführt werden. Rede mit deiner Krankenversicherung.

Du hast zwar keinen Chef, aber wahrscheinlich Stammkunden. Mit denen solltest du möglichst bald und offen über deine Pläne sprechen. Vielleicht kannst du dich auf deren Bedürfnisse einstellen und eine längere Pause zwischen zwei Projekten nutzen. Je länger und enger ihr schon kooperiert, desto besser stehen die Chancen, nach der Weltreise wieder zusammenzuarbeiten. Aber mach dir keine Illusionen: Du wirst durch eine lange Abwesenheit auch Kunden verlieren.

Wenn es geht, nimm deine Arbeit mit auf die Reise. Betreue im reduzierten Umfang deine Kunden von unterwegs. Reserviere zum Beispiel einen Tag pro Woche für die Arbeit. Rede mit deinen Kunden darüber. Mach aber nicht den Fehler, zeitnahe Erreichbarkeit oder ein gewisses Zeitfenster pro Tag zu versprechen. Das sind absolute Stressfaktoren, die dir deine Weltreise garantiert ruinieren.

Damit die Pause nach der Weltreise so kurz wie möglich wird, solltest du schon von unterwegs signalisieren, wann du wieder voll für Projekte zur Verfügung stehst. Erledige das spätestens, wenn du ein oder zwei Monate vor dem Ende der Reise einen Rückflug buchst.

Wenn du ein Unternehmen führst, wird es kompliziert. Du weißt selbst am besten, welche Aufgaben du delegieren kannst und wie viel Zeit du dir wann freinehmen kannst. Es gibt später im Buch eine Weltreise-Flugstrategie, die dir ohne Aufpreis einen vorher geplanten Heimatbesuch erlaubt. Aber wenn etwas brennt, musst du als Geschäftsführer vielleicht ungeplant frühzeitig zurückkehren.

Ein Unternehmen kannst du nur mit ladungsfähiger Betriebsstätte in Deutschland weiterführen. Bei Kapitalgesellschaften ist das ohnehin Pflicht. Bei einer Personengesellschaft kann das ein anderer Gesellschafter sein, der in Deutschland wohnt. Ansonsten kann die Betriebsstätte auch ein sogenannter ständiger Vertreter übernehmen, zum Beispiel dein Steuerberater. Es kann sogar eine ladungsfähige Anschrift reichen, zum Beispiel die eines Coworking Space, also die Adresse einer Bürogemeinschaft. Ladungsfähig heißt aber in jedem Fall, dass du auch wirklich erreichbar bist.

Es ist unmöglich, für alle Gewerbetreibende, Freiberufler, Einzelunternehmer und Geschäftsführer perfekt passende Empfehlungen zu geben. Du kommst um eine eigene Recherche deiner individuellen Situation nicht herum. Ratsam ist es auch, einen spezialisierten Rechtsanwalt zu konsultieren. In der Infobox sind einige Fragen aufgelistet, um die du dich kümmern musst.

TO-DO'S FÜR SELBSTSTÄNDIGE UND FREIBERUFLER

- Anwartschaft für die Krankenversicherung abschließen;
- fristgerechte Weiterleitung von Briefen sicherstellen;
- ladungsfähigen Unternehmenssitz gewährleisten;
- Steuern für das Vorjahr und das laufende Jahr klären;
- langfristige Verträge und Versicherungen checken;
- Herabsetzung der Einkommensteuervorauszahlung bei zu erwartender Umsatzminderung beantragen.

7. WOHNUNG UNTERVERMIETEN ODER KÜNDIGEN?

Deine Wohnung solltest du während der Weltreise nicht einfach leer stehen lassen. Du musst sonst Miete und Gebühren wie den Rundfunkbeitrag weiter bezahlen. Bei einer Warmmiete von 650 Euro und 17,50 Euro Rundfunkgebühr wären das in einem Jahr schon 8010 Euro. Das würde deine Weltreisekosten fast verdoppeln.

Es liegt daher nahe, die Wohnung aufzulösen. Wenn du die Möbel behalten willst, kann die Lagerung teuer und aufwendig werden. Besser ist es, wenn du große Möbel über Ebay-Kleinanzeigen verkaufst oder verschenkst. Ein Mietlager für kleine Sachen kostet dagegen nicht die Welt. Vielleicht ist auch bei deinen Eltern auf dem Dachboden genug Platz. Gleichzeitig mit der Kündigung der Wohnung – die Frist beträgt drei Monate – kannst du auch andere, mit der Wohnung zusammenhängende Verträge kündigen. Bei deiner Rückkehr bist du nicht aufgeschmissen. Du kannst beispielsweise erst mal eine möblierte Wohnung von anderen Reisenden mieten, siehe nächster Abschnitt.

Wenn du die Wohnung nicht aufgeben willst, kannst du sie mit all deinen Möbeln untervermieten. Das machen viele Reisende. Frag vorher unbedingt den Vermieter nach einer schriftlichen Erlaubnis. Wenn dein Vermieter von einem ungenehmigten Untermieter erfährt, kann er dir fristlos kündigen. Das wünschst du dir sicher nicht, besonders während du gerade auf Weltreise bist. Der Vermieter muss die Zustimmung zur Untervermietung erteilen, wenn du ein berechtigtes Interesse hast. Das hast du durch eine Weltreise.

Wenn du das geklärt hast, musst du einen Untermieter finden. Suche im Bekanntenkreis oder auf Wohnungsbörsen. *wg-gesucht.de* ist mit Abstand das größte provisionsfreie Portal in Deutschland. Kleinere Alternativen sind *studenten-wg.de* und *wg-suche.de*. Trotz des WG im Namen sind diese Webseiten auch für Wohnungen gedacht. Planungssicherheit hast du leider nicht. Meist findest du einen passenden Untermieter erst wenige Wochen vor der Reise. Bevor du einem Kandidaten zusagst, höre auf dein Bauchgefühl. Sei aber auch nicht zu skeptisch und gängele potenzielle Mieter nicht mit polizeilichen Führungszeugnissen oder Schufa-Auskünften. Ohne Vertrauen und eine Kaution für den Fall der Fälle geht es sowieso nicht. Verwende Formvorlagen für den Untermietvertrag und die Übergabeliste. Schließe im Vertrag die Haftung für deinen Internetanschluss aus.

Es ist leider nicht so einfach, für Zeiträume von einem Jahr oder länger einen Mieter zu finden. Du musst die Wohnung vielleicht in zwei Etappen vermieten. Versuche es parallel für den gesamten Zeitraum und für Teilabschnitte. Für die Zwei-Etappen-Vermietung gibt es eine passende Flugstrategie mit Round-Trip-Flügen. Damit kannst du nach halber Zeit einen Heimatbesuch ohne Aufpreis einlegen und dich in einer Reisepause um die weitere Vermietung kümmern. Mehr Informationen dazu weiter hinten im Buch.

Viel aufwendiger ist es, die Wohnung für Kurzaufenthalte über *Airbnb* oder vergleichbare Online-Portale Touristen anzubieten. Du brauchst dafür jemanden vor Ort, der sich um Reinigung, Schlüsselübergabe und Probleme kümmert. Außerdem musst du die Wohnung als Ferienwohnung anmelden und die Einnahmen versteuern. Und: Selbst wenn im Mietvertrag eine Untervermietung gestattet ist, muss der Vermieter diese Form der Untervermietung ausdrücklich genehmigen – sonst droht nach Abmahnung sogar die Kündigung des Mietvertrags.

DIE VORTEILE EINER WOHNUNGSAUFLÖSUNG

- Reise flexibel verlängerbar.
- Vermeide Stress mit Untermietern.
- Schließe ein finanzielles Risiko aus.

DIE VORTEILE EINER UNTERVERMIETUNG

- Die Wohnungssuche danach entfällt.
- Deine Möbel kannst du behalten.
- Pflanzen und evtl. sogar Haustiere sind versorgt.

8. WELCHE VOR- UND NACHTEILE HAT DAS ALLEINREISEN?

Zwischen Alleinreisen oder Reisen mit Partner hast du eigentlich gar keine Wahl. Wenn du einen passenden Reisepartner hast, geht ihr natürlich zusammen los. Wenn nicht, gehst du natürlich allein los.

Fällt dir sofort jemand ein, mit dem man Pferde stehlen könnte? Wenn nicht, reise besser allein. Ein Reisepartner ist bei einer normalen Weltreise nicht nötig. Suche bitte nicht verzweifelt in deinem Bekanntenkreis und auf Reisepartner-Börsen. Der falsche Reisepartner kann deine Reise gründlich versauen.

Allein zu reisen hat sogar viele Vorteile. Du reist so stressfrei, wie es nur geht. Mache einen Egotrip ganz nach deinem Geschmack, ohne Kompromisse und Schuldgefühle. Nutze die Möglichkeit, viel mehr Kontakte zu knüpfen, als du mit einem Reisepartner tun würdest. Lerne als Soloreisender deine Wünsche besser kennen und baue mehr Selbstvertrauen auf. Jeder Mensch sollte für eine Weile allein reisen.

Aber auch Reisepartner haben Vorteile. Ihr könnt Aufgaben teilen und eure Stärken ausspielen. Ihr erlebt schöne Momente gemeinsam und unterstützt euch bei Rückschlägen. Ihr streitet euch, aber versöhnt euch wieder. Ihr könnt euch Doppelzimmer und Taxi teilen. Du musst nicht jedes Mal all deine Sachen auf die Toilette mitnehmen, weil dein Partner auf euer Gepäck aufpasst.

Allein heißt nicht einsam. Es ist sehr einfach, unterwegs andere Reisende zu treffen: im Hostel, im Bus oder im Kochkurs. Wenn ihr wollt, könnt ihr euch dann zusammentun. Wenn ihr euch gut versteht und ähnliche Reisepläne habt, werdet ihr vielleicht Tage oder sogar Wochen zusammen verbringen. Das passiert besonders häufig an Orten, wo du nicht sehr viele Reisende triffst. In China zum Beispiel wachsen die wenigen ausländischen Reisenden unter Millionen chinesischer Touristen schnell zusammen.

Sei als Alleinreisender offen für temporäre Reisepartner, aber erzwinge nichts. Andere Reisende haben verschiedene Interessen, Budgets und Reisestile. Es muss auch nicht immer all-in sein. Manchmal ist es schön, sich nur zum Abendessen zu treffen. Oder ihr geht eigene Wege und verabredet euch in einer Woche am übernächsten Reiseziel. Die große Kunst besteht darin, sich rechtzeitig und taktvoll zu trennen, falls es nicht wirklich klappt miteinander.

»Eine Reise wird besser in Freunden als in Meilen gemessen.«

Tim Cahill

Solo-Reisen als Frau sind auch im 21. Jahrhundert immer noch ein heikles Thema. Es gibt Länder, in denen das sehr einfach ist. In Südostasien begegnest du vielen alleinreisenden Frauen. Viele meiner Blogger-Kolleginnen versuchen Frauen zum Alleinreisen zu ermutigen. Alle geben den Tipp, auf das Bauchgefühl zu hören – was natürlich auch für Männer gilt. Sarah, die den Blog *rapunzel-will-raus.ch* betreibt, relativiert das Ganze ein wenig: »Unsere Intuition ist zwar ein wichtiger Bestandteil, allerdings darf man sich meiner Meinung nach auf Reisen in einem fremden Land keinesfalls allein darauf verlassen.« Informiere dich deshalb gründlich über das Reiseziel, denn als Frau kann man sich einfach nicht in jedem Land so wie zu Hause bewegen. Für Indien empfiehlt Steffi von *aworldkaleidoscope.com,* sich an die folgenden Verhaltenshinweise zu halten:»Lauf spätnachts nicht allein herum; nutze die Frauenabteile; bleib auf dem Touristenpfad, vermeide

direkten Augenkontakt mit Männern.« Insgesamt haben die weltreisenden Bloggerinnen aber überwiegend positive Erlebnisse gehabt.

ALLEIN, ABER NICHT EINSAM UNTERWEGS

Wenn du dich an diese Tipps hältst, wirst du auch in der Fremde schnell
Anschluss finden:

- Übernachte in Hostels, Gästehäusern und/oder Homestays.
- Besuche Events von *couchsurfing.org* und *meetup.com*.
- Nutze die App *Couchsurfing Hangouts*.
- Mache Touren, Kurse oder Führungen.

BLOGS SPEZIELL FÜR ALLEINREISENDE FRAUEN

- Steffi von *aworldkaleidoscope.com*
- Steffi von *steffistraumzeit.de*
- Marie von *triffdiewelt.de*
- Ute von *bravebird.de*
- Sarah von *rapunzel-will-raus.ch*

9. WIE IST ES, MIT PARTNER ODER FAMILIE ZU REISEN?

Eine Reise mit Reisepartner oder Familie ist herausfordernd, kann sich
aber umso mehr lohnen. Geteiltes Glück ist wahres Glück. Im Idealfall kennt ihr euch gut und habt schon viel zusammen erlebt. Das gilt
für beste Freunde und natürlich für eine langjährige Beziehung. Doch
nicht jeder Lebenspartner ist auch ein guter Reisepartner. Es ist leider

unmöglich vorherzusagen, ob ihr gut zusammen reist. Eine Weltreise wird so zur Prüfung für jede Partnerschaft. Sie kann aber auch zusammenschweißen.

Eure gemeinsame Reise fängt schon lange vor dem eigentlichen Aufbruch an. Ihr spart zusammen und bereitet eure Reise gemeinsam vor. Redet darüber, was ihr sehen wollt und wie schnell ihr reisen wollt. Besprecht unbedingt euer Budget und eure Ansprüche. Nehmt euch Zeit, um eine grobe Route zu planen, und zwar mit Vetorecht. Macht ein Brainstorming und seid offen.

Das gilt auch für unterwegs. Redet miteinander, bevor die Probleme zu groß werden. Seid tolerant und kompromissbereit. Es geht nicht, dass einer von euch mit dem Kopf durch die Wand will. Es gibt aber auch keinen Zwang, immer zusammenzubleiben. Macht auch mal einen Tag lang euer eigenes Ding, vor allem wenn der Partner etwas nicht mag. Wenn ihr euch gar nicht einig werdet, trennt euch ruhig auch mal für einen Tag oder eine Teilstrecke. Nur weil ihr Reisepartner seid, müsst ihr nicht alles gemeinsam unternehmen. Ihr seht euch bald wieder und freut euch dann umso mehr, wieder zusammen zu sein.

Ich bin mit meinem besten Kumpel auf Weltreise gegangen. Wir sind aber nur knapp die Hälfte der Zeit zusammen gereist. Er hat nämlich noch im ersten Reisemonat seine heutige Frau kennengelernt. Als wir schon im nächsten Land waren, wollte er natürlich zurück zu ihr. Ich wäre ein schlechter Reisepartner und Freund gewesen, wenn ich rumgezickt hätte. Wir haben uns getrennt und später immer wieder getroffen, manchmal mit ihr zusammen. Zwischendurch war ich solo oder mit anderen Leuten unterwegs. Im zweiten Jahr habe ich dann meine heutige Frau kennengelernt und bin seitdem meist mit ihr unterwegs.

Reisende Paare sind eine sehr häufige Konstellation auf Reisen. Lebenspartner haben die besten Voraussetzungen, gute Reisepartner zu sein. Eine lange Reise kann eure Beziehung stärken und sogar erneuern. Aber selbst wenn ihr schon zusammen wohnt, wird das Reisen noch mal eine neue Herausforderung. Ihr seid oft mehrere Tage lang

24 Stunden zusammen und lernt dabei neue Seiten an eurem Partner kennen. Andererseits habt ihr nach der Reise eine sehr gute Basis, weil euch fast nichts mehr erschüttern kann. Wenn ihr nach einer Belastungsprobe vor der Familiengründung sucht, geht zusammen auf Weltreise.

Apropos, Reisen mit Kindern ist nicht unmöglich. Es gibt genug reisende Familien, die das beweisen. Aber Kinder ändern alles, auch das Reisen. Als Familie reist ihr vorsichtiger und langsamer. Am besten sucht ihr euch deshalb einfach zu bereisende Länder aus.

> »Um herauszufinden, ob du Menschen magst oder nicht, reise mit ihnen.«
>
> Mark Twain

Wenn ihr euch traut, mit kleinen Kindern zu reisen, und ihr in Deutschland lebt, habt ihr sogar einen großen Vorteil gegenüber Alleinreisenden und Paaren. Ihr könnt die Elternzeit und das Elterngeld beanspruchen. Das erspart euch Verhandlungen mit dem Arbeitgeber und kann sogar die ganze Reise finanzieren. Denn bis zur Vollendung des dritten Lebensjahres des Kindes können sich beide Elternteile freistellen lassen. Wer nicht mit einem Kleinkind reisen will, der kann bis zu 24 Monate der Elternzeit auf die Zeit zwischen dem dritten und achten Geburtstag des Kindes übertragen. Das Elterngeld (2/3 des Nettogehalts, max. 1800 Euro) gibt es allerdings nur für die ersten zwölf Lebensmonate des Kindes, beim »Elterngeld Plus« die Hälfte davon für 24 Monate.

In Österreich gibt es den Anspruch auf Vollkarenz. Sie ist allerdings weniger flexibel gestaltet als in Deutschland und endet mit dem zweiten Geburtstag des Kindes. In der Schweiz gibt es bisher leider keine gesetzliche Regelung zu einer Auszeit für Eltern.

Wenn die Kinder ins Schulalter kommen, wird es schon schwieriger, mit ihnen auf Weltreise zu gehen. In Deutschland und in Österreich gilt Schulpflicht, solange Eltern und Kinder im Heimatland gemeldet sind. Es gibt aber verständnisvolle Schulbehörden, die ältere Kinder für die Reisezeit vom Schulbesuch befreien. Keine Probleme mit der Schulpflicht habt ihr, wenn ihr in der Schweiz lebt. Dann könnt ihr die Bildungspflicht auch durch Hausunterricht oder durch sogenanntes Unschooling, ein vom Kind geleitetes Lernen, erfüllen.

TIPPS FÜR REISEN MIT PARTNER

- Redet über Probleme.
- Seid kompromissbereit.
- Verteilt Aufgaben gerecht untereinander.
- Macht auch mal euer eigenes Ding.
- Seid tolerant und akzeptiert Fehler.
- Schottet euch nicht als Paar ab, redet mit anderen.

10. WAS SIND DIE VOR- UND NACHTEILE EINER WELTREISE?

Die Vorteile einer Weltreise kannst du dir sicher gut ausmalen. Aber eine Weltreise ist kein langer Urlaub. Ja, du siehst viele schöne Orte und hast meist schönes Wetter. Aber immer nur Sehenswürdigkeiten abzuhaken, das wird schnell langweilig. Selbst Cocktails am Strand zu schlürfen ist nur dann erfüllend, wenn danach der Alltag wartet. Auch auf der Weltreise wirst du oft genug Strandbars besuchen und Tourist spielen. Aber die meiste Zeit hast du anderes zu tun.

Spontaneität und Freiheit sind der große Reiz einer langen Weltreise. Was du machst, ist dir überlassen und ergibt sich von ganz allein. Vielleicht wolltest du schon immer Tauchen lernen oder Surfen? Wie wäre es mit einem Intensivkurs in Yoga oder gar Thaiboxen? Du hast genug Zeit zum Spanischlernen und kannst deine neuen Sprachkenntnisse gleich vor Ort ausprobieren. Oder du nutzt den Freilauf und liest, meditierst oder denkst nach. Auch die Seele baumeln lassen ist auf einer Weltreise ausdrücklich erlaubt.

Eine lange Reise lässt dich Abstand vom Alltag gewinnen und aus eingefahrenen Mustern ausbrechen. Du kannst dich neu erfinden – wenn du willst, jeden Tag. Probiere dich in verschiedenen Rollen und Situationen aus und lerne dich so besser kennen.

Du sammelst viele neue Eindrücke. Du schnupperst in Länder hinein, deren Namen du vorher gar nicht gekannt hast. Kein Reiseziel ist zu abgelegen. Du nimmst dir Zeit, um in eine andere Kultur einzutauchen. Du triffst viele Menschen mit völlig anderen Lebensentwürfen. Und du lernst, besser zu improvisieren und mit Rückschlägen umzugehen.

Auf der Weltreise hast du zwar meist Sonnenschein, aber es gibt auch Schattenseiten. Für das vorherige Leben zu Hause gibt es leider keine Pause-Taste. Wichtige Ereignisse wie die Hochzeit des besten Freunds oder der besten Freundin warten nicht, bis du zurück bist. Der Kontakt mit den Liebsten über das Internet ist nicht vergleichbar mit dem gemütlichen Abend in der Kneipe. Du wirst nicht nur einmal Heimweh haben nach deinen Leuten, deiner Stadt und sogar nach deutschem Brot.

Auch der Reisealltag kann zermürben. Ortswechsel sind anstrengend, oft genug laufen sie nicht nach Plan. Du lebst aus dem Rucksack und trägst dauernd die gleichen Siebensachen. Du musst dich an dein Budget halten und bist beim Einkaufen beschränkt auf das, was es gerade vor Ort gibt. Und in vielen Ländern wirst du mit schockierender Armut konfrontiert.

Viele Vorteile einer Weltreise können auch zu Nachteilen werden, siehe Infobox. Egal wie es auch kommt, eine Weltreise ist, was du daraus machst. Nur du kannst auf dein Bauchgefühl hören. Dazu gehört auch, die Notbremse zu ziehen, wenn es gar nicht laufen sollte. Du kannst jederzeit Pläne ändern oder gar abbrechen und heimkehren.

VOR- ODER NACHTEIL?

Jeder Vorteil kann auch ein Nachteil sein – und umgekehrt. Es kommt immer darauf an, wie deine Tagesstimmung ist und welche Erwartungen du an das Reisen knüpfst:

- Große Freiheit oder große Ratlosigkeit?
- Überall zu Hause oder überall fremd?
- Eine Vielzahl neuer Eindrücke oder Reizüberflutung?
- Faszinierende Kulturerlebnisse oder nervende Fettnäpfchen?
- Angespornt zum Minimalismus oder ständige Entbehrung?
- Viele neue Freunde oder oberflächliche Kontakte?

11. WAS IST EIGENTLICH EINE WELTREISE?

Sicherlich kennst du den Roman »Reise in 80 Tagen um die Welt« von Jules Verne, in dem Phileas Fogg die Welt umrundet. Das ist eine tolle Geschichte, aber sie handelt nicht von einer Weltreise. Eine Weltreise wird vor allem an der längeren Reisedauer festgemacht. Das ist also genau das Gegenteil von dem, was Phileas Fogg mit seinem Geschwindigkeitsrekord macht.

Es gibt einen großen Unterschied zwischen einer Weltumrundung und einer Weltreise. Die Welt umrundest du zum Beispiel für einen Weltrekord oder für einen Wettbewerb wie in dem Buch. Das hat mit dem »Weltenbummeln« einer Weltreise nun wirklich gar nichts zu tun. Bei Segelbooten werden sogar spezielle Regeln eingehalten zur Überquerung von Längengraden und des Äquators. Natürlich kannst du auch als normaler Reisender die Welt in wenigen Tagen mit dem Flugzeug umrunden. Eine Weltreise hast du dann aber nicht gemacht.

Weder ist eine Weltumrundung zwangsläufig eine Weltreise, noch gilt das andersherum.

Stell dir als Beispiel vor, die eineiigen Zwillinge Adam und Bert gehen auf Weltreise. Sie fliegen von Deutschland über Istanbul nach Delhi. Sie erkunden in sechs Monaten Indien, Nepal und Sri Lanka auf dem indischen Subkontinent. Sie verbringen jede Minute zusammen, teilen sich jedes Masala Dosa, jedes Lassi und jeden Delhi Belly.

Danach trennen sie sich für einen Tag: Adam fliegt von Mumbai ostwärts über den Pazifik. Bert fliegt von Mumbai westwärts über den Atlantik. Am Flughafen von Los Angeles treffen sie sich wieder. Sie reisen acht Monate zusammen durch Mexiko, Panama und Südamerika. Sie verbringen jede Minute zusammen, teilen sich jedes Taco, jede Margarita und jede Señorita.

Schließlich fliegen sie von Buenos Aires über den Atlantik zurück. Adam hat die Welt umrundet, Bert nicht. Trotzdem haben beide eine Weltreise gemacht, oder etwa nicht?

Was genau eine Weltreise ist, ist etwas schwierig zu sagen. Viele Weltreisende haben den Anspruch, etwa ein Dutzend Länder auf mehreren Kontinenten zu sehen. Das geht nur mit genug Zeit, sagen wir zwölf Monate. Bei einer einjährigen Reise auf drei Kontinenten wird wohl kaum jemand widersprechen, dass es sich um eine Weltreise handelt, selbst ohne Weltumrundung.

Wie viele Kontinente und wie viele Monate es mindestens für eine Weltreise sein müssen, darüber kann man sich streiten. Wir haben aber besseres mit unserer Zeit zu tun, zum Beispiel neue Länder besuchen, tolle Natur und exotische Kultur erleben, interessante Leute treffen und fremde Gerichte probieren. Mit anderen Worten, geh lieber die Welt bereisen, statt lange darüber zu reden.

Es gibt neben der Weltumrundung noch einen weiteren hartnäckigen Weltreise-Mythos, nämlich dass du dabei die ganze Welt siehst. Selbst Reisende, die jedes Land nur wenige Tage besuchen, brauchen insgesamt viele Jahre dafür. Wenn du doch einmal alles gesehen haben solltest, kannst du danach wieder von vorn anfangen. Die Welt hat sich mittlerweile viele Tausend Umrundungen weitergedreht und stark verändert.

WAS IST EINE WELTUMRUNDUNG?

- alle Längengrade überqueren,
- oft sportlich als Wettbewerb.

WAS IST EINE WELTREISE?

- mehrere Monate Reisezeit,
- mehrere Kontinente bereisen,
- ein Dutzend Länder oder mehr besuchen.
- Du kannst eine Weltreise machen, ohne die Welt zu umrunden, und umgekehrt.

II.

BESTIMME DEINE REISELÄNDER UND REISEDAUER

Theoretisch hast du die Freiheit, alle deine Wunsch-Reiseländer in beliebiger Reihenfolge zu besuchen. Du musst dich nicht an vorgefertigte Weltreise-Pläne halten. Aber in der Praxis macht nur eine überschaubare Anzahl von Routen Sinn.

Es gibt viele Gründe für bestimmte Länderkombinationen. Du willst schlechte Reisezeiten meiden, genauso wie gefährliche oder teure Länder. Der wichtigste Faktor sind aber die Flüge. Wenn du quer durch die Weltgeschichte fliegst, verbrätst du viel Geld und die Zeit »vergeht im Flug«.

Ein stark limitierender Faktor bei der Routenwahl ist die Reisedauer. Ein halbes Jahr oder gar ein Jahr zu reisen klingt nach einer Ewigkeit. Die Zeit wird aber schnell vergehen. Um wirklich etwas von der Welt zu sehen, sind selbst zwei oder drei Jahre nur ein Tropfen auf den heißen Stein. Du musst also Prioritäten setzen.

Wie du das machst und welche Routen Sinn ergeben, erfährst du in diesem Kapitel. Bevor es losgeht, muss ich dich aber auf Reisegeschwindigkeit abbremsen. Eine Weltreise ist ein Marathon und kein Sprint. Mit drei Wochen Kurzurlaub kannst du von Ort zu Ort hetzen. Auf einer langen Reise hältst du so ein Tempo nicht durch.

Selbst wenn du länger Tourist spielen könntest, hättest du dich schnell sattgesehen an touristischen Highlights. Nach spätestens ein bis zwei Monaten fragst du nach dem Sinn jenseits von Attraktionen. Die Ziele auf einer langen Reise sind anders gelagert. Das Reisen an sich wird zum Alltag und tritt oft in den Hintergrund. Im Vordergrund steht deine innere Reise. Es geht um neue Eindrücke und Erfahrungen, die in dir nachwirken können.

Stell dir vor, du wachst eines Morgens auf und kannst völlig frei entscheiden, was du heute machen willst. Und am nächsten Tag passiert das Gleiche wieder und danach wieder. Das ist am Anfang ungewohnt, und du versuchst Struktur in den Tag zu bringen. Du machst Listen mit Sehenswürdigkeiten und verplanst den ganzen Tag.

Aber nach einigen Wochen macht es klick. Dann bist du auch mit dem Kopf in der Freiheit angekommen. Ab diesem Moment lässt du die Listen sein und hörst auf dein Bauchgefühl. Du hast deinen Flow gefunden. In einem normalen Jahresurlaub sitzt du, bevor das passiert, schon wieder im Büro.

Und in erster Linie geht es beim Reisen um Begegnungen mit Menschen. Du triffst fast jeden Tag neue Einheimische und Reisende. Manche Begegnungen berühren dich oder bringen dich zum Nachdenken. Wenn die Erinnerungen an mystische Ruinen mitten im Dschungel schon verblasst sind, leben die Menschen in deiner Erinnerung weiter.

1. WIE LANGE DAUERT EINE WELTREISE?

Ein Jahr ist die typische Dauer für eine Weltreise. In zwölf Monaten lohnt es sich, mehr als einen Kontinent zu besuchen. Kann man auch in drei oder sechs Monaten eine Weltreise machen? Möglich ist alles. Aber je weniger Zeit du für die gleiche Route hast, desto weniger hast du davon und desto höher liegen die Kosten pro Tag.

Wenn du eine Jahresroute in sechs Monaten abreisen willst, zahlst du quasi trotzdem für ein Jahr. Auch hast du den gleichen Aufwand für die Vorbereitung und die Planung. Wenn du erst mal Wohnung und Job gekündigt hast, ist es egal, ob du sechs, zwölf oder achtzehn Monate unterwegs bist. Wenn du dir wirklich nur ein halbes Jahr Zeit nehmen kannst, beschränke dich lieber auf einen Kontinent oder eine Region. Das kann Südostasien, Südamerika, Südasien, Mittelamerika, Ostasien oder Süd-/Ostafrika sein.

Nimm dir also für eine Weltreise mindestens ein Jahr frei. Noch besser: Reise eineinhalb Jahre. Dann tauscht du zwei deutsche Winter gegen sagenhafte fünf Sommer in Folge. Dann hast du eine richtige Auszeit und kannst dich einmal im Leben absolut ungebunden fühlen.

Zeit brauchst du nicht nur, damit du mehr Reiseziele sehen kannst. Zeit ist der ultimative Reisetipp. Zeit ist der einzige Unterschied zwischen einer Katastrophe und einer lustigen Reisegeschichte. Das geht sogar noch weiter: Zeit ist der größte Luxus auf Reisen und im Leben.

Langweilig wird dir mit mehr Reisezeit sicher nicht. Wenn du auf Reisen bist, werden deine Reiseträume nicht etwa kleiner, sondern größer. Es gibt mehr faszinierende Reiseziele, als du in einem Menschenleben kennenlernen kannst. Auch Langzeitreisende mit drei Jahren Zeit bekommen nur eine Kostprobe von dem, was die Welt zu bieten hat.

Diese Reise wird sicher nicht deine letzte sein. Nach der Weltreise wirst du viele neue Länder und Orte auf dem Schirm haben. Hebe dir daher ruhig ein paar Regionen und Kontinente für weitere Reisen auf. Es macht von den Kosten, dem Stressfaktor und der »kulturellen Tauchtiefe« mehr Sinn, eine Region gründlich zu entdecken, als fünf Regionen zwischen Tür und Angel zu besuchen.

SCHNELL HEISST NICHT GÜNSTIG

Willst du möglichst viel in kurzer Zeit sehen, gibst du automatisch mehr Geld aus. Denn Schnelligkeit bedeutet:

- fehlende Flexibilität für günstige Flüge;
- weniger Nutzen von Fixkosten wie Visa, Flüge etc.;
- Flüge statt Überlandstrecken;
- Taxis statt öffentlicher Nahverkehr;
- geführte Touren statt Erkundungen auf eigene Faust;
- keine Zeit für die Suche günstiger Unterkünfte;
- keine Zeit zum Couchsurfen;
- keine Zeit, um ein Gefühl für die Preise vor Ort zu bekommen.

2. WIE LANGE WILLST DU AN EINEM ORT BLEIBEN?

Du willst möglichst viele Länder besuchen. Andererseits willst du auch Land und Leute kennenlernen und nicht nur an der Oberfläche kratzen. Die Reisegeschwindigkeit ist ein Kompromiss zwischen der Zahl der Stempel im Pass und der Zahl der bleibenden Erinnerungen.

Eine gute Faustregel ist, etwa einen Monat pro Land zu planen. Für große Länder wie Indien und China ist ein Monat zu wenig Zeit. In kleinen Ländern wie Belize oder Uruguay reicht ein kurzer Besuch. Deine Lieblingsreiseziele wirst du außerdem länger besuchen wollen als andere. Das mittelt sich ungefähr aus.

Die Reisegeschwindigkeit ist ebenfalls individuell. Ohne Erfahrungen aus einer mehrmonatigen Reise kannst du dein persönliches Reisetempo schwer abschätzen. Mit einem neuen Reisepartner weißt du erst recht nicht, wie schnell ihr zusammen seid. Das Tempo ändert sich sogar im Lauf der Weltreise und ist nicht zuletzt von Tagesform und Wetter abhängig.

Im ersten Monat verhalten sich viele Weltreisende wie Urlauber. Sie klappern Attraktionen im Akkord ab. Das Touristenprogramm ist jedoch auf Dauer zu stressig und wird überraschend schnell langweilig. Du wirst bald Alternativen zum Tourismus suchen und auch Urlaub vom Reisen machen.

Es gibt sogar Burn-out beim Reisen. Wenn du zu lange jeden Tag das Gleiche machst, verlierst du die Lust am Reisen. Verändere dann deinen Reisestil. Verweile zum Beispiel in einer interessanten Stadt oder lege die Beine hoch auf einer Insel. Vielleicht gibst du deiner Reise auch einen tieferen Sinn und besuchst einen Kochkurs, beschäftigst dich mit Yoga oder lernst eine Sprache.

Auch die Besuchsdauer pro Ort unterscheidet sich stark. Es gibt Eintagsfliegen, genauso wie Orte, in denen du mehr als eine Woche verweilen willst. Lege dich vorher nicht zu stark fest, sonst beraubst du dich deiner Freiheit, zu verlängern oder zu verkürzen. Es wird immer wieder Reiseziele geben, die dich überraschen, positiv wie negativ.

Bleibe deshalb bei der Planung vor Ort möglichst spontan. Du bist erst dann frei, wenn du reagieren kannst, egal ob auf eine Magenverstimmung oder eine interessante Begegnung. Unterkünfte und Fernbusse kannst du auch noch einen Tag vor der Abreise oder sogar zeitnah buchen. Kurzstreckenflüge und längere Zugstrecken buchst du ein paar Tage voraus. Nur Langstreckenflüge haben ein Buchungsfenster von mehreren Wochen.

> »Nichts Überraschendes oder Wundervolles wird passieren, wenn du in Paris bist, um Louvre und Eiffelturm anzusehen.«
>
> ANTHONY BOURDAIN

Je weniger Flugzeuge du von innen siehst, desto besser. Überlandreisen sind nicht nur günstiger, sondern auch flexibler. Buche Flüge in das Land und aus dem Land. Dazwischen suchst du deinen eigenen Weg mit Bus, Bahn oder Boot. Auch mehrere Länder kannst du so auf dem Landweg verbinden.

Top-10-Listen hindern dich daran, in die Atmosphäre eines Ortes einzutauchen. Den ersten Tag in einer interessanten Stadt plane ich deswegen nicht, sondern versuche zu Fuß in den Gassen verloren zu gehen. Die Must-sees lassen sich immer noch am zweiten oder dritten Tag nachholen – wenn du das dann noch willst.

LASSE DIE BESUCHSDAUER PRO ORT OFFEN

Versuche dir deine Spontaneität so gut wie möglich zu bewahren. Es gibt viele Gründe, warum du nicht voraussagen kannst, wie lange du an einem Ort bleiben willst:

- Die Geschwindigkeit ändert sich im Lauf der Reise.
- Du weißt vorher nicht, wie gut dir ein Ort gefällt.
- Du triffst interessante Menschen mit eigenen Plänen.
- Eine Magenverstimmung reicht, um Pläne zu durchkreuzen.
- Tagesform und Wetter beeinflussen eine Weiterreise.

3. WELCHE ÜBERLANDSTRECKEN LOHNEN SICH?

Mit dem Finger auf der Karte reist es sich schneller als vor Ort. Ja, Überlandreisen können einfach und schnell sein, aber meist sind sie langwierig und beschwerlich. Es gibt sogar Flaschenhälse, durch die du über Land schwer oder gar nicht kommst. Es ist zum Beispiel sehr kompliziert, ohne Flugzeug von Indien nach Südostasien zu reisen. Nordamerika und Südamerika werden von der *Darién Gap* getrennt. Dieser ursprüngliche Urwald im Darién-Nationalpark zwischen Panama und Kolumbien ist ohne Expeditionsausrüstung unüberwindbar.

Beliebte Überlandstrecken sind solche, die mehrere attraktive Reiseziele wie eine Perlenkette miteinander verbinden. Sie haben eine gute Infrastruktur mit Bahn, Bus, Boot und einer Vielzahl von Unterkünften.

Der *Bananenpfannkuchen-Trail* in Südostasien mit seinen Stationen in Thailand, Laos, Kambodscha und Vietnam ist so beliebt wie der *Gringo Trail* durch Mittel- und Südamerika. Dort triffst du schnell Gleichgesinnte und kannst dich treiben lassen.

Solche Trampelpfade sind aber nur selten das Nonplusultra. Selbst ein schmales Land wie Vietnam bietet ein paar Alternativen zur Standardroute. In Gegenden mit viel Auswahl wie Indien, Mexiko und Thailand gibt es bei der Routenwahl mehr Ausnahmen als Regeln.

Manche Trails werden über die Jahre beliebter, andere sterben aus. Die Mutter aller Überlandstrecken war früher der *Hippie-Trail* von London über Türkei, Iran und Afghanistan bis nach Nepal und Indien. Einige Hippies fuhren sogar weiter bis Thailand und Bali. Heute ist der frühere Trampelpfad nur noch etwas für Abenteurer.

Neben Krisen und Konflikten verändert auch der Billigflieger-Trend viele Überlandstrecken. Früher war es normal, von Singapur bis Bali über Land zu reisen. Heute fliegen die meisten Reisenden bis Jakarta, Surabaya oder gleich bis Denpasar. Die Insel Sumatra wird deshalb kaum noch auf der Durchreise besucht, und auch die Insel Java hat weniger Besucher.

Andere Routen werden mit dem Billigflieger überhaupt erst möglich. Die Philippinen, Sulawesi und Borneo lassen sich heute einfach und günstig mit dem Festland von Südostasien kombinieren. Panama und Kolumbien sind mit günstigen Flügen nur noch eine Stunde voneinander entfernt. Vorher musste man eine Woche mit dem Segelschiff fahren.

Trampelpfad klingt nach Übertourismus. Aber Touristenmassen sind selten ein Problem auf den Backpacker-Trails. Dafür gibt es zu viele Alternativen und zu wenige Individualreisende. Massentourismus wird dir aber geballt an beliebten Orten für Pauschalurlauber begegnen. Dazu gehören die Riviera Maya in Mexiko, Bali und Südthailand. Gut erreichbare Inseln sind am ehesten überlaufen. Auf einer Weltreise hast du aber die Zeit, um auch einsame Inseln aufzusuchen, selbst wenn die Anreise beschwerlich sein sollte.

BELIEBTE MEHRMONATIGE ÜBERLANDSTRECKEN

- Australien: Adelaide, Tasmanien, Sydney bis Cairns;
- Indonesien: Jakarta, Bali, Lombok bis Flores;
- Mittelamerika: Guanajuato, Tulum, Antigua bis San Blas;
- Ostafrika: Kapstadt, Krüger, Victoria Fälle bis Lalibela;
- Südamerika: Lima, Cuzco, Salar de Uyuni bis Buenos Aires;
- Südasien: Kathmandu, Rajasthan, Goa bis Kerala;
- Südostasien: Hanoi, Angkor Wat, Bangkok bis Singapur;
- Transsibirische: Moskau, Irkutsk, Ulan-Bator bis Peking.

4. WELCHE LÄNDER SOLLTEST DU BESSER MEIDEN?

Manche Länder sind schwierig zu bereisen. Andere sind schlicht zu gefährlich für Reisende. Wenn in Venezuela Bürgerkrieg herrscht und in Syrien Bomben hochgehen, dann hast du dort nichts verloren. Aktuelle Reisewarnungen findest du in einer übersichtlichen Liste bei *auswaertiges-amt.de*.

Viele davon sind aber nur Teilreisewarnungen. Die betreffen dann nur kleine oder abseits gelegene Gebiete, die sowieso von Reisenden nicht besucht werden. Für Japan gilt zum Beispiel eine Teilreisewarnung für die verstrahlte Umgebung des Kernkraftwerks Fukushima, das 2011 von einem Tsunami getroffen wurde, wodurch es zur Kernschmelze kam. Der Rest des Landes ist unbedenklich.

Gefahren gibt es auch für deinen Geldbeutel. In der Hauptstadt einer Industrienation kostet ein Reisetag so viel wie eine Woche auf einer schönen Insel in Thailand. Eine sättigende warme Mahlzeit bekommst du in vielen Ländern für zwei Euro. In Australien zahlst du hingegen ein Vielfaches.

Gefahren und hohe Preise sind nicht die einzigen Gründe, ein Land nicht auf deine Routenplanung zu setzen. Paris und Prag sind tolle Städte für Wochenendausflüge, aber für eine Weltreise bieten sich weiter entfernte Ziele an. Europa spielt bei den meisten Weltreisen keine Rolle. Auch Nordafrika und den Nahen Osten besuchst du besser in kürzeren Reisen.

Subsahara-Afrika hat trotz langem Flug die gleiche Zeitzone wie Europa. Wenn du dorthin von zu Hause aus aufbrichst, dann ersparst du dir zwei bis drei Tage Jetlag verglichen mit Zielen in Asien und Amerika. Allerdings ist Afrika beim Fliegen eine Sackgasse: Weiterflüge nach Amerika und Asien sind umständlich und teuer. Hebe dir aus diesen Gründen den ganzen afrikanischen Kontinent am besten für den Jahresurlaub auf.

Flugverbindungen und Länderkombinationen spielen eine große Rolle bei der Routenplanung. Du willst zwölf Länder besuchen, und nur eins davon liegt in Südamerika? Dieses eine Land kann zeitlich und preislich sehr kostspielig werden. Steuere es besser auf einer eigenen Südamerika-Reise an.

Es gibt noch viel mehr Gründe, ein Land zu meiden. Vegetarier sind in fleischlastigen Ländern aufgeschmissen. Chaotische Länder sind für manche Reisende so uninteressant wie saubere Hochglanzstädte für andere. In Zentralamerika gibt es oft nur Reis mit Bohnen, und in islamischen Ländern ist Alkohol teuer oder illegal. Vielleicht kannst du einen Präsidenten nicht leiden oder willst nicht in ein Land reisen, das im großen Stil Menschenrechte verletzt. Jeder von uns hat eigene K.o.-Kriterien.

DIE QUAL DER WAHL

Nicht immer fällt es einem leicht, das passende Reiseziel zu finden. Folgende Informationsquellen können dich bei der Auswahl unterstützen:

- Aktuelle Reisewarnungen listet das Auswärtige Amt auf *auswaertigesamt.de* auf.
- *travelriskmap.com* gibt Einschätzungen zu medizinischen Risiken, zur Sicherheitslage generell und den Gefahren im Straßenverkehr.
- Über das Preisniveau von Regionen und Ländern informiert die Reisekosten-Weltkarte im Bildteil.
- Wie es um das Essen im jeweiligen Land bestellt ist, verrät dir die »kulinarische« Weltkarte, ebenfalls im Bildteil.

5. WELCHE EINFACHEN LÄNDER EIGNEN SICH FÜR ANFÄNGER?

In europäischen Industrieländern wirst du auf einer Reise kaum jemals in Schwierigkeiten kommen. Fast alles funktioniert und ist geregelt. Doch nicht alle Reiseländer sind so einfach zu bereisen. Oft ist die Infrastruktur sehr schlecht, sodass du für nur 100 Kilometer Fahrt den halben oder gleich den ganzen Tag brauchst. In vielen Ländern spricht kaum jemand Englisch, einige haben eine gefährlich hohe Kriminalitätsrate. Wenn du noch gar keine Fernreiseerfahrung hast, fängst du besser mit einfachen Reisezielen an, die dich nicht mit solchen Hindernissen konfrontieren. Die gibt es auch außerhalb von Europa, siehe Infobox.

Aber nicht alle Orte in einem einfachen Land sind ein Kinderspiel. Oft beschränkt sich die touristische Infrastruktur auf wenige Hochburgen. Wenn du die ausgetretenen Pfade verlässt, bist du plötzlich allein unter Einheimischen, und niemand spricht mehr Englisch. Das ist in solchen Ländern aber gut dosierbar. Notfalls bist du schnell zurück auf dem Trampelpfad.

Thailand zum Beispiel ist in den Touristenorten eines der einfachsten Reiseländer. Aber im Großteil des Landes bist du allein unter Einheimischen und ohne Thai-Kenntnisse aufgeschmissen. Der mittlere Schwierigkeitsgrad fehlt leider völlig im Königreich. In Ländern mit guten Englischkenntnissen tut man sich dagegen leichter, zum Beispiel in Malaysia, Indien und auf den Philippinen.

> »Manchmal ist der weniger begangene Weg aus gutem Grund weniger begangen.«
>
> JERRY SEINFELD

Wenn dir ein Land überraschend Probleme macht, kannst du immer noch einen Guide anheuern. Geführte Touren mit einem ortskundigen Dolmetscher entschärfen selbst die schwierigsten Länder. Falsches Ego ist in so einem Fall fehl am Platz. Reisen ist kein Wettbewerb.

An manchen Reisezielen ist selbst der erfahrenste Reisende ohne geführte Touren aufgeschmissen. In der Mongolei zum Beispiel gibt es einfach zu wenig Busverbindungen, um das Land auf eigene Faust zu erkunden. Geführte Touren sind teilweise sogar Pflicht, wie in den Himalaja-Regionen Tibet, Mustang und Bhutan.

Touren buchst du möglichst erst vor Ort. Das ist bei den meisten Reisezielen einfach und auch kurzfristig möglich. So sparst du dir den Aufpreis einer Online-Buchung. Du kannst außerdem nach Mitreisenden für einen gemeinsamen Guide suchen und mit ihnen die Kosten teilen. Außerdem kannst du vor Ort besser abschätzen, ob eine geführte Tour überhaupt nötig ist.

EINFACHE REISEZIELE AUSSERHALB VON EUROPA

- Afrika: Marokko, Südafrika , Tunesien;
- Nordamerika: Costa Rica, Kanada, Mexiko, Panama, USA;
- Ozeanien: Australien, Neuseeland;
- Südamerika: Argentinien, Bolivien, Chile;
- Südasien: Nepal, Sri Lanka;
- Südostasien: Malaysia, Philippinen, Thailand, Vietnam.

Wenn du die Herausforderung liebst, solltest du einen Blick in den Bildteil werfen. Dort sind auch schwierigere Reiseziele aufgeführt.

6. WANN IST DIE BESTE REISEZEIT NACH REGION?

Dein erstes Reiseziel auf der Weltreise hängt hauptsächlich davon ab, zu welcher Jahreszeit du startest. Wenn du deine Weltreise richtig planst, freust du dich meist über angenehme Temperaturen und wenig Regen.

Meiden solltest du Patagonien im Süden von Südamerika, außer du hast Lust auf Schneestürme. Umgekehrt solltest du an Weihnachten möglichst auf der Südhalbkugel unterwegs sein. Dort ist dann Sommer. Am Äquator kennt man gar keinen Winter, aber dafür die Regenzeit. Einige wenige Länder bieten sogar ganzjährig ein gutes Klima. Die Insel Sri Lanka zum Beispiel hat im Osten eine umgekehrte Regenzeit wie im Westen.

Viele Reisende haben Probleme mit der trockenen Hitze in Nordafrika, im Nahen Osten und in Zentralasien im Hochsommer. Für eine Reise dorthin sind daher Frühling und Herbst für sie die besseren Zeiträume. Die Übergangszeiten sind auch für Trekking im Himalaja vorteilhaft. Bis etwa Oktober herrscht dort Regenzeit, zwischen Dezember und Februar wird es in der Höhe empfindlich kalt.

Nicht so gut berechenbar ist der Monsun, der in tropischen und subtropischen Regionen starke Regenfälle bringt. Besonders betroffen davon sind Indien, Südostasien und Zentralafrika. Die Regenzeit beginnt dort oft so plötzlich, wie sie Monate später wieder aufhört. Start und Ende können sich dabei auch um einen Monat verschieben.

Thailand hat wie viele Länder nahe dem Äquator nur drei Jahreszeiten. Die beste Reisezeit ist der »Winter« vom November bis einschließlich Februar mit Temperaturen bis 30 Grad. Im März folgt der Sommer mit Tages-Temperaturen über 40 Grad. Spätestens im Juli beginnt die kühlere Regenzeit. Es regnet beinahe täglich – nach acht Monaten fast ohne Niederschlag.

Der Regen in der Monsunzeit ist gar nicht so schlimm. Nach dem heißen Sommer ist ein wenig Abkühlung sogar ganz gut, und es bleibt ja trotzdem warm. In vielen Monsun-Ländern regnet es nur einige Stunden am Nachmittag oder Abend. Wenn du diesen Sturzregen aussitzt, kannst du relativ unbeschwert reisen. Regenzeit heißt aber leider auch Hochsaison für Denguefieber, das durch Stechmücken übertragen wird. Es ähnelt einer schweren Grippe und kann wie jene zum Tod führen.

Reisen in einer solchen Nebensaison hat auch Vorteile. Es sind viel weniger Touristen unterwegs, und im höheren Preissegment zahlst du etwas weniger für Unterkünfte. Die Natur erwacht während der Regenzeit zum Leben, sonst zum Rinnsal vertrocknete Flüsse fließen wieder mächtig dahin, Wasserfälle sind Wasserfälle, Seen füllen sich wieder. Noch ein Nebeneffekt ist, dass Reisefotos durch stimmungsvolles Wetter besser werden.

Mach dir keinen allzu großen Kopf um die perfekte Reisezeit. Du kannst nicht die ganze Route optimieren. Wichtiger ist es unangenehme Reisezeiten auszuschließen. Dazu gehört vor allem der Winter auf der Nord- und der Südhalbkugel.

DIE BESTEN REISEZEITEN

Frühjahr/Herbst: Himalaja, Nordafrika, Naher Osten, Zentralasien;

- Sommer: Europa, Indonesien, Nordamerika, Ostasien, Subsahara-Afrika, Südpazifik;
- Winter: Arabische Halbinsel, Mittelamerika, Ozeanien, Patagonien, Sahara-Afrika, Südasien, Südostasien;
- Ganzjährig: Malaysia, Mittleres Südamerika, Singapur, Sri Lanka, Südafrika.

Alle Reisezeiten sind auch noch einmal übersichtlich in der entsprechenden Weltkarte im Bildteil eingezeichnet.

7. WELCHE LÄNDER SIND KOSTENFALLEN?

Deine Länderauswahl ist entscheidend für dein Reisebudget. In günstigen Ländern kannst du – ohne auf etwas verzichten zu müssen – deine Kosten halbieren oder gar dritteln im Vergleich zu Westeuropa. Der gleiche *Big Mac* kostet in der Schweiz gut sechs Euro und in Malaysia zwei Euro. Und das ist in Asien teuer im Vergleich zu lokalen Restaurants und Garküchen.

Die Preise für alltägliche Ausgaben hängen vor allem davon ab, wie das Einkommensniveau der Bevölkerung ist. Das ist in den meisten Ländern laut Weltbank nur ein Viertel so hoch wie bei uns. Das durchschnittliche Bruttonationaleinkommen pro Kopf liegt in fast zwei Dritteln aller Länder unter 884 Euro pro Monat. In gut einem Drittel aller Länder verdienen die Menschen sogar weniger als 286 Euro pro Monat brutto. Zum Vergleich: In Deutschland verdient man im Schnitt 3189 Euro brutto pro Monat, in Österreich 3332 Euro und in der Schweiz

5908 Euro. Länder mit niedrigem Einkommen haben oft auch eine niedrige Lebensqualität. Du musst schon ein Liebhaber sein, um eine Reise in Entwicklungsländer wie Sudan und Bangladesch zu genießen. Aber das ist nicht zwangsläufig so. In Ländern wie Thailand und Peru bekommst du einen guten Lebensstandard für wenig Geld.

Teure Länder solltest du auf der Weltreise meiden oder nur kurz besuchen. Sie sprengen dein Budget, es sei denn, du passt deinen Reisestil an. Mit Couchsurfing (Gratis-Unterkunft bei Privatleuten), Housesitting (Haushüten während der Abwesenheit der Besitzer) oder einem Zelt kannst du auch teure Länder sparsam bereisen. Das ist aber gewöhnungsbedürftig und sicher keine Lösung auf Dauer.

Wenn du lieber unabhängig und flexibel unterwegs bist, suche dir eine gute Mischung aus günstigen und nicht zu teuren Ländern. So kannst du deine Reise ohne Geldsorgen genießen und musst auf nichts verzichten. Du wirst nicht in jedem Land 30 Euro pro Tag ausgeben. Das mittelt sich zwischen Ländern, die 20 Euro pro Tag kosten, und anderen, wo du 40 Euro pro Tag benötigst.

GÜNSTIGE REISEZIELE WELTWEIT

- Afrika: Äthiopien, Malawi, Sudan, Togo;
- Mittelamerika: El Salvador, Guatemala, Nicaragua;
- Südamerika: Bolivien, Ecuador, Kolumbien, Paraguy, Peru;
- Südasien: Bangladesch, Indien, Nepal, Pakistan, Sri Lanka;
- Südostasien: Indonesien, Kambodscha, Laos, Malaysia, Myanmar, Thailand, Vietnam;
- Zentralasien: Iran, Kirgistan, Usbekistan.

Nicht überall ist es günstig. In welchen Ländern du richtig tief in die Tasche greifen musst, verrät dir die entsprechende Weltkarte im Bildteil.

8. WIE VERMEIDEST DU MASSENTOURISMUS?

Wie touristisch ein Ort ist, ist für die Wahl deiner Reiseziele ein weiterer Faktor. Wenn du umzingelt bist von Tourgruppen, verlierst du den Spaß am Reisen. Übertourismus ist vor allem eine europäische Erscheinung. Nach Europa reisen so viele Touristen wie in den Rest der Welt zusammen. Auf einer Weltreise wirst du kaum Zeit in Europa verbringen. Außerhalb Europas gibt es zum Glück nur wenige Orte mit Verhältnissen wie in Prag, Rom und auf der Insel Santorin.

Auf einer Weltreise ist es einfach, Touristenmassen aus dem Weg zu gehen. Du hast Zeit und Muße, auch eine beschwerliche Anreise in Kauf zu nehmen. So kannst du Inseln ohne perfekte Infrastruktur ansteuern, die von Touristen gemieden werden. Gleiches gilt für Länder ohne Direktflüge aus Europa. Massentourismus wird dir trotzdem hin und wieder geballt begegnen. Wenn du in Angkor Wat oder Machu Picchu ankommst, fühlst du dich wie auf einem anderen Planeten. Wochenlang bist du im Rest des Landes kaum Touristen begegnet. Aber dort sind sie nun alle auf einmal, als wären sie gerade vom Himmel gefallen.

In Machu Picchu musst du dich mit den Massen abfinden. In Angkor dagegen hast du einen Großteil der Ruinen für dich allein. Denn es gibt mit Bayon, Ta Phrom und Angkor Wat nur drei Tempel, die auf dem Programm aller Tourbusse stehen. Wenn du die anderen unzähligen Tempel und Heiligtümer besuchst, kannst du dich wie Lara Croft oder Indiana Jones fühlen. Und selbst bei diesen beliebten drei bist du am Nachmittag relativ ungestört. Wenn dir das noch zu touristisch ist, kannst du zur 60 Kilometer von Angkor entfernten Tempelanlage Baeng Malea fahren. Und wenn du Abenteuer liebst, brich zum Hindutempel Preah Vihear in den Dongrek-Bergen an der Grenze zu Thailand auf.

Massentourismus konzentriert sich fast überall auf der Welt auf ganz bestimmte Plätze, abseits davon bekommt man als Reisender kaum etwas davon mit. Die Ausnahme sind Inseln. Dort hast du keine Fluchtmöglichkeit. Wenn du eine Insel beim Namen kennst, wie Ko Phi Phi und Ko Samui, dann kannst du davon ausgehen, dass sie total überlaufen ist. Aber selbst in Thailand gibt es noch Dutzende vom Tourismus unbeachtete Inseln. Das ändert sich leider immer mehr durch Instagram. Unbekannte Orte werden über Nacht zum Touristen-Hotspot. Während Angkor Wat, Machu Picchu und Ko Phi Phi einigermaßen auf die Touristenmassen vorbereitet sind, erwischt es Instagram-Sensationen unvorbereitet.

Inlandstouristen stören meist um einiges weniger als Touristen aus dem Westen. Es ist sogar bereichernd, wenn dich in Indien Schulklassen ansprechen oder Familien ein Foto mit dir machen wollen. Auch in China

> »Der Tourist zerstört, was er sucht, indem er es findet.«
>
> HANS MAGNUS ENZENSBERGER

hast du es meist mit Inlandstouristen zu tun. Die sind bei Weitem nicht so nervig wie die berüchtigten chinesischen Tourgruppen in Thailand.

Generell gibt es keinen Grund, Länder zu meiden, die in Pauschalreise-Katalogen angeboten werden. Denn selbst in touristischen Ländern wie Thailand beschränken sich die Touristenmassen auf wenige Orte.

TOURISMUS-MAGNETE AUSSERHALB EUROPAS

An diesen Orten solltest du dich auf die Gesellschaft von Reisebussen und Tourgruppen gefasst machen:

- Angkor Wat und Siem Reap in Kambodscha;
- Chichen Itza, Coba und Tulum in Mexiko;
- Große Mauer in China, die restaurierten Abschnitte;
- Halong-Bucht und Hoi An in Vietnam;
- Machu Picchu und das heilige Tal in Peru;
- Taj Mahal, Jaipur und Ellora in Indien.

9. WAS SIND HIGHLIGHTS IN ALLER WELT?

Ein Highlight kann vieles sein, zum Beispiel ein Monument, eine Landschaft oder auch ein kulturelles Erlebnis. Hier sind einige Ideen für unterschiedliche Interessen. Das sind natürlich nicht alle möglichen Highlights weltweit. Der Schwerpunkt liegt auf typischen Weltreise-Ländern.

Freundliche Menschen

… gibt es in Iran, Pakistan, Bangladesch, Indien, Nepal, Sri Lanka, Thailand, Laos, auf den Philippinen, in Malawi, Äthiopien, Ghana, Sudan, Simbabwe, Senegal, Georgien und Kuba.

Alte Ruinen

… mit Erinnerungsgarantie sind Angkor Wat in Kambodscha, Machu Picchu in Peru, Bagan in Myanmar, Hampi und Ellora in Indien, Tikal in Guatemala, Teotihuacan und Uxmal in Mexiko, Mutianyu in China, Borobudur und Prambanan in Indonesien, Anuradhapura auf Sri Lanka, Sukhothai in Thailand und Persepolis im Iran.

Beeindruckende Monumente

… sind das Taj Mahal in Indien, die Shah-Moschee im Iran, der Registan-Platz in Usbekistan, die Shwedagon-Pagode in Myanmar, der Smaragd-Buddha Wat Phra Kaeo in Thailand, die Verbotene Stadt im Zentrum Pekings und der Leshan-Buddha in China sowie die heilige Stadt Lalibela in Äthiopien.

Historische Altstädte

... haben Lijiang und Pingyao in China, Gyeongju in Korea, Hoi An in Vietnam, Penang in Malaysia, Luang Prabang in Laos, Sucre in Bolivien, Quito in Ecuador, Cuzco in Peru, Guanajato in Mexiko, Baktapur in Nepal, Antigua in Guatemala, Old Havana in Kuba, Stone Town in Tansania und Galle in Sri Lanka.

Wuselige Metropolen

... erlebst du in Bangkok, Hongkong, Mumbai, Rio de Janeiro, Mexiko City, Tokio, Seoul, Saigon, Buenos Aires und Lima.

Bergwelten

... mit großartiger Natur bieten Patagonien, Altiplano, Kaschmir, Ladakh, Annapurna, Everest, Karakorum, Hua Shan, Tigersprungschlucht, Kinabalu und Rinjani.

Perfekte Strände

... gibt es in Jamaika, Kuba, Belize, Thailand, Philippinen, Indonesien, Brasilien, Panama, Kenia, Mexiko und Malaysia.

Partys

... werden gefeiert auf Ko Phi Phi und Ko Phangan in Thailand, in Anjuna in Indien, in Rio de Janeiro in Brasilien, in Cancun in Mexiko, auf Boracay in den Philippinen, in Kuta auf Bali, auf Castaway Island in Vietnam, in Negril auf Jamaika und in Barranquilla in Kolumbien.

Naturwunder

… sind die Salzpfanne Salar Uyuni in Bolivien, die Iguazu-Wasserfälle und der Perito-Moreno-Gletscher in Argentinien, die Halong-Bucht in Vietnam, die märchenhafte Landschaft bei Yangshou und der Nationalpark Zhangjiajie in China, die Banaue-Reisterrassen auf den Philippinen, der Nationalpark Bromo-Tengger in Indonesien mit seinen bis zu 3676 Meter hohen Vulkanen, die Tiefebene Danakil-Senke (auch Afar-Dreieck genannt) bei Äthiopien und die fantastisch geformten Marmorhöhlen Marble Caves in Chile.

Fern vom Massentourismus

… sind Iran, China, Indien, Pakistan, Nicaragua, Äthiopien, Uganda, Ghana, Philippinen, Indonesien (außer Bali) und Ecuador.

10. WELCHE FARBENFROHEN FESTIVALS LOHNEN SICH?

Festivals und Feiertage bekommen bei der Weltreiseplanung meist nur wenig Aufmerksamkeit. Schade, denn ein Reiseziel präsentiert sich während einer großen Feier von seiner besten kulturellen Seite, ohne nur Touristen gefallen zu wollen. Anders als bei allen anderen Highlights musst du bei den Festivals allerdings zeitlich gut planen. Trotzdem sollte es möglich sein, einige dieser Festival-Highlights einzubauen.

Januar

- Im Januar feiert ganz Äthiopien drei Tage lang *Timkat*, eines der wichtigsten christlichen Feste der Äthiopisch-Orthodoxen Kirche mit viel Essen, Tanz und Musik. Die größte Feier ist in der historischen Stadt Gonder, wo Tausende von Gläubigen die Taufe Jesu im Jordan nachstellen.

* *Sinulog* am dritten Samstag im Januar auf Cebu ist am bekanntesten mit seinen prächtig geschmückten Tanzgruppen aus mehr als 60 Personen und Zigtausenden von Besuchern. Aber *Ati-Atihan* am dritten Sonntag in Kalibo und *Dinagyang* am vierten Sonntag in Iloilo City holen jedes Jahr in ihrer Popularität auf.

Januar/Februar

* An der Westküste Malaysias und in Singapur feiern Hindus bei *Thaipusam*, am Vollmond des tamilischen Monats Thai (Januar/Februar), ausgelassen mit Fleischspießen im Gesicht und am Rücken, sowie möglichst schweren tragbaren Schreinen den Kriegsgott Murogan.
* *Kumbh Mela* in Nordindien ist das größte Fest der Welt. Es findet im Schnitt etwa alle zwei Jahre in vier Städten zu unterschiedlichen Zeiten statt. Am Zusammenfluss von Ganges und Yamuna in Prayagraj ist die *Kumbh* am größten. Hier steigen einen Monat lang mehr als 100 Millionen hinduistische Pilger zur rituellen Waschung ins Wasser (Januar/Februar, in den anderen Städten Termine von März bis September).

Februar

* Ein Spektakel ist der *Karneval* nicht nur in Rio, sondern auch in Oruro. Die Stadt im Hochland der Anden ist Zentrum des bolivianischen Karnevals, der sogar in das UNESCO-Weltkulturerbe aufgenommen wurde. Bei den Umzügen ziehen Tanzgruppen durch die Stadt, die Tänzer tragen kunstvoll geschnitzte riesige Holzmasken mit Teufelsfratzen.

April

- Ausgiebig gefeiert wird in Lateinamerika die *Semana Santa* von Palmsonntag bis Ostersonntag mit farbenprächtigen Prozessionen und reich geschmückten Kirchen.

- Die weltgrößte Wasserschlacht steigt jedes Jahr zum traditionellen Neujahrsfest des südostasiatischen Buddhismus in Thailand *(Songkran)*, Myanmar *(Thingyan)*, Laos *(Pi Mai)* und Kambodscha *(Choul Chnam Thmey)*. Erlebe das traditionelle *Songkran* in den Tempeln und gehe danach mit einer Wasserpistole auf die Straße. Die größten der Wasserschlachten vom 13. bis 15. April finden in Bangkok und Chiang Mai statt.

Juni

- *Inti Raymi* war die wichtigste religiöse Zeremonie der Inkas zur Sonnenwende im Juni. Nach einer jahrhundertelangen Pause wird das Fest seit 1944 wieder am 24. Juni gefeiert. In den Ruinen der Inka-Festung Sacsayhuaman über der Inka-Hauptstadt Cuzco in Peru erlebst du Tanz, Musik und das leckere Essen der Inkas.

Juli

- Mitte Juli feiern die Mongolen in Ulaanbataar ihre kriegerische Tradition zum Nationalfeiertag *Nadaam* mit Wettkämpfen im Reiten, Ringen und Bogenschießen. Neben der sportlichen Seite wird auch die mongolische Kultur mehrere Tage lang mit Festzügen und Veranstaltungen gefeiert. Wenn du zu *Nadaam* nicht in der Mongolei sein kannst, schaffst du es vielleicht zu einer der landesweiten Qualifikationen in den Wochen vorher.

August/September

- Zum Opferfest *Eid al-Adha* gedenken Muslime Abrahams, der bereit war, seinen Sohn für Gott zu opfern. Der höchste Festtag im Islam wird in vielen Ländern weltweit gefeiert. Das rituelle Schlachten von Tieren wird besonders ausgiebig in Pakistan und Bangladesch zelebriert (nach islamischem Kalender August oder Anfang September).

September/Oktober

- Zu *Durga Puja* feiern Ende September/Anfang Oktober Teile von Nordindien die Ankunft der hinduistischen Göttin Durga mit Konzerten, Tanzdramen und prunkvollen Prozessionen. In Kolkata ist der Feiertag Anlass für ein immer mehr ausferndes Kunstfestival mit monatelang aufwendig gebauten vorübergehenden Tempeln in der ganzen Stadt.

Oktober

- 15 Tage lang wird beim *Dasain*-Fest im Kathmandu-Tal im Oktober der Sieg des Guten über das Böse mit Festmahlzeiten und Tieropfern gefeiert. Jeden Tag finden neue Festlichkeiten rund um die drei historischen Königsplätze Bhaktabur, Lalitpur und Basantapur statt.

November

- Zu *Yee Peng* im November lassen die Thailänder in Chiang Mai Tausende fliegende Laternen für einen unvergesslichen Moment in den nächtlichen Himmel steigen. Gleichzeitig wird in ganz Thailand das Wasserfest *Loy Krathong* gefeiert mit in Seen und Flüssen ausgesetzten Kerzen.

11. WELCHE REISELÄNDER SIND BELIEBT?

Nicht alle Reiseziele lohnen sich gleichermaßen. Die meisten Weltreisenden schwärmen von Thailand. Nur eingefleischte Fans schwärmen von Grönland. Dazu kommen individuelle Vorlieben. Wenn du mit Stränden nichts anfangen kannst, wirst du dich kaum in die Philippinen verlieben. Wenn du wuselnde Metropolen magst, bist du auf Sri Lanka am falschen Fleck. Du liebst Natur, historische Monument oder Partys? Manche Länder eignen sich dafür viel besser als andere.

Kulturelle Gründe, ein Reiseziel zu mögen, sind weniger offensichtlich, aber teilweise noch wichtiger. Besuche ein Land zu einem Nationalfeiertag oder während eines großen Festivals. Du erlebst fröhliche Menschen, die ihre Kultur feiern statt nur eine Show für Touristen abzuliefern. Heute ist der beste Zeitpunkt, um Diversität zu sehen. Denn die Welt wächst immer mehr zusammen, Kulturen gehen verloren.

Die Mentalität der Menschen spielt auch im Alltag eine wichtige Rolle. Aber selbst die nettesten Menschen lassen dich kalt, wenn du dich wegen der Sprachbarriere nicht verständigen kannst. Auch andere Reisende sind ein Faktor. Zu viele Touristen können ein Land genauso ungenießbar machen wie schlechtes Essen.

Vergiss bei der Auswahl von Reisezielen nicht die schon vorher erwähnten Faktoren wie Kosten, Reisezeit und Schwierigkeit.

In der Infobox siehst du ein kleines Ranking von 27 beliebten Reisezielen nach einigen dieser Highlights. Bei dem Ranking habe ich versucht, objektiv zu sein, letztlich sind Rankings jedoch immer subjektiv.

Ranking von 27 Reisezielen nach Highlights

Für diese 27 Reiseziele gibt es unterschiedliche Gründe für einen Besuch. Die Orte sind nach der Gesamtzahl der Sterne sortiert.

Land	Menschen	Monumente	Natur	Städte	Strand
Mexiko	★★	★★	★★	★	★★
Thailand	★★	★	★	★★	★★
Bali/Java	★★	★★	★★		★★
Brasilien	★★	–	★★	★★	★★
Indien/Nepal	★★	★★	★★	★	★
Türkei	★	★★	★	★★	★★
Malaysia/Singapur	★★	–	★	★★	★★
Sri Lanka	★★	★★	★	–	★★
Philippinen	★★	★	★	★	★★
Südwest USA	★★	–	★★	★★	★
Äthiopien	★★	★★	★★	★	–
Iran	★★	★★	★	★	★
Südafrika	★	–	★★	★	★★
China	–	★★	★★	★★	–
Südperu/Bolivien	★	★	★★	★	–
Vietnam	–	–	★★	★	★★
Myanmar	★	★★	★	–	★
Australien	★★	–	★	–	★★
Neuseeland	★★	–	★★	–	★
Kolumbien	★	–	★	★	★★
Costa Rica	★	–	★★	–	★★
Guatemala	★	★	★	–	★
Kuba	★	★	–	–	★★
Japan	–	★	★	★★	–
Korea	–	–	★	★	–
Mongolei	–	–	★★	–	–
Patagonien	–	–	★★	–	–

III.

FINDE GÜNSTIGE
WELTREISE-FLÜGE

Flüge sind der größte Kostenfaktor auf einer Weltreise. Entsprechend viel Sparpotenzial hast du beim Fliegen. Zunächst solltest du dich mit den Varianten von Flügen vertraut machen. Beim Gabelflug fliegst du nicht von dem Flughafen zurück, an dem du angekommen bist. Die Strecke zwischen den Flughäfen legst du mit einem anderen Verkehrsmittel zurück. Bildlich ergeben die Flugstrecken eine Gabel, daher der Name. Beim *Round Trip* dagegen geht es vom Zielflughafen wieder zurück zum Ausgangspunkt. Und One-Way-Flüge gehen nur in eine Richtung ohne Rückflug.

Round Trips und Gabelflüge sind bei einer Weltreise die günstigste Variante. Sie bieten aber weniger Flexibilität während der Reise und bei der freien Auswahl von günstigen Routen. One Ways sind die mit Abstand spontanste Flugstrategie. Leider kosten One Ways bei klassischen Fluglinien fast doppelt so viel, wie wenn du Hin- und Rückflug gemeinsam buchst.

Es lohnt sich, Zeit für die Flugsuche zu investieren, aber nur bis zu einem gewissen Grad. Wann dieser Punkt erreicht ist, hängt von deinem Budget und deiner Experimentierfreudigkeit ab. Wenn du zwei Stunden suchst und dann 200 Euro sparst, ist das gut investierte Zeit. Wenn du mit dem gleichen Aufwand nur 20 Euro sparst, ist das eher etwas für Flugsuche-Nerds, wie ich einer bin.

Statt jeden Flug einzeln zu buchen, kann für dich ein Round-the-World-Ticket (RTW) infrage kommen. Diese speziellen Angebote für Weltreisende sind super-praktisch, vor allem weil es sie für alle denkbaren Weltreise-Routen gibt. Nachteile: Sie sind relativ teuer, außerdem verlierst du jede Flexibilität.

Ebenso bequem ist es, wenn du dir deine Route von Flug-Experten planen lässt. Du hast dabei die gleichen Vorteile wie bei RTW-Tickets, kannst aber deine Route individueller gestalten und bekommst in der Regel einen günstigeren Preis.

Du musst dich vor der Reise für eine der Flugstrategien entscheiden. Das Gerüst aus Fernstrecken kannst du dann mit Kurzstreckenflügen aufstocken oder über Land reisen. Außer beim RTW-Ticket musst du nicht alle Flüge vor der Weltreise buchen.

Im folgenden Kapitel werden die Strategien genau erklärt. Dazu gehören auch allgemeine Tipps zur Flugsuche, Informationen zu Stopover-Aufenthalten und Kurzstreckenflügen, sowie zur Visa-Problematik bei One Ways. Außerdem bekommst du die Möglichkeiten für eine Weltreise ohne Flugzeug vorgestellt.

VIER STRATEGIEN FÜR WELTREISE-FLÜGE

Flugstrategie	Kosten	Spontaneität	Routen	Mühelosigkeit
Round Trip und Gabelflug	€	⇕⇕	✈✈	👍👍
One Ways ohne Rückflug	€€	⇕⇕⇕	✈	👍
Flug-experten Portal	€€	⇕	✈✈✈	👍👍👍
Round-the-World-Ticket	€€	⇕	✈✈✈	👍👍👍

Kosten € / Spontaneität ⇕ / Routen ✈ / Mühelosigkeit 👍

1. FLUGEXPERTEN UND SCHNÄPPCHENFLÜGE

Nach günstigen Flügen zu suchen kann komplizierter sein, als du vielleicht denkst. Das gilt schon für normale Hin- und Rückflüge und erst recht für eine Weltreise. Wenn du dir die Flugsuche nicht zutraust oder nicht die nötige Zeit investieren willst, dann lass Flugexperten für dich suchen. Die schlagen dir günstige Flüge vor, die du dann selbst buchst.

Flugexperten sind Nerds mit Tausenden Stunden Flugsuche-Erfahrung. Sie wissen, welche Routings günstig sind, und kennen viele Tricks. Deine Flüge suchen sie dir für einen Finderlohn. Das lohnt sich bei einer Weltreise mit vielen Segmenten um einiges mehr als bei einem normalen Hin- und Rückflug. Wenn du mit einem Partner reist, halbiert sich der Finderlohn noch.

Du kannst dir eine Route nach deinen Vorgaben erstellen lassen. Je komplizierter die Route und je flexibler du bist, desto mehr kann ein Flugexperte sie optimieren. Alternativ suchst du dir selbst Flüge zusammen. Der Flugexperte muss nun deinen Preis plus Finderlohn schlagen. Wenn er das nicht kann, zahlst du nichts. Du hast dann also kein Risiko.

Um deinen Preis schlagen zu lassen, musst du erst einmal Flüge finden. Bevor du aber selbst suchst, schau zuerst nach Flugschnäppchen und Error Fares. Das sind besonders günstige Flugangebote, die durch fehlerhaft in ein Buchungssystem eingegebene Preise entstehen. Sie sind daher nur während eines kurzen Zeitraums buchbar, weil sie dann korrigiert werden. Es ist selten, kann allerdings vorkommen, dass die Buchung einer Error Fare nachträglich storniert wird.

Billig-Angebote für One-Way-Flüge oder gar für eine Weltumrundung findest du nur selten. Meist sind es Round Trips. Dafür gibt es eine große Nachfrage von normalen Urlaubern. Wie du mit zwei Round Trips zu einem guten Preis eine Weltreise machen kannst, erfährst du später in diesem Kapitel. Günstige Round Trips sind außerdem eine gute Basis, um mit wenigen Änderungen erschwingliche Gabelflüge zu suchen.

Was sind gute Angebote? Hin- und Rückflüge nach Asien und Afrika findest du schon für unter 350 Euro. Nordamerika-Flüge kosten sogar manchmal nur 250 Euro. Südamerika und Australien findest du dagegen kaum unter 500 Euro.

Auch bei der Häufigkeit der Schnäppchen gibt es Unterschiede. Fast jederzeit findest du preiswerte Flugangebote nach Mexiko und in die Karibik. Ebenfalls sehr häufig sind Schnäppchenflüge nach Thailand, Malaysia, Singapur und China. Seltener, aber immer noch häufig sind günstige Flüge nach Indien, Indonesien, zu den Philippinen, nach Japan, Panama, Australien, Neuseeland und Subsahara-Afrika. Es ist unwahrscheinlich, dass du perfekt passende Flugschnäppchen für eine Weltreise findest. Wie du gefundene Angebote zusammensetzt oder selbst günstige Flüge findest, erfährst du im Rest dieses Kapitels.

FLUGEXPERTEN

Diese Online-Flugexperten suchen für dich nach günstigen Angeboten:

- für allgemeine Flüge: *flightfox.com*
- speziell für Weltreisen: *flystein.com*

FLUGSCHNÄPPCHEN

Auf diesen Webseiten kannst du Flugschnäppchen finden:

- Deutschland: *tripdoo.de, urlaubsguru.de*
- Europa: *flynous.com, travelfree.info*
- weltweit: *fly4free.com, secretflying.com*

2. ROUND-THE-WORLD-TICKETS

Das Grundprinzip von Round-the-World-Tickets (RTWs) ist ganz einfach: Du kaufst eine bestimmte Anzahl von Flügen, Meilen oder Stopps – und kannst dir damit deine Wunschroute um den Globus zusammenstellen. Den meisten Angeboten liegen die Round-the-World-Tarife der großen Airline-Allianzen *Star Alliance, OneWorld* und *Skyteam* zugrunde. Gemeinsam ist allen RTW-Tickets, dass sowohl der Atlantik als auch der Pazifik überquert werden muss und dass die gebuchte Route bis zum Ausgangsland zurückführen muss. Die meisten Anbieter verlangen außerdem, dass durchgehend in einer Richtung von Ost nach West oder umgekehrt geflogen werden muss.

Für und gegen die RTW-Angebote der drei großen Flugallianzen gibt es viele gute Gründe, siehe Infobox. Ich rate von einem RTW-Ticket ab, weil es dich deiner Planungsfreiheit beraubt. Du musst dich vor der Reise auf die gesamte Route festlegen, die Anzahl der Stopps ist auf fünf bis 15 begrenzt, ebenso die Gesamtlänge der Flüge auf 25.000 bis 40.000 Flugmeilen. Und Reiseziele kannst du nur für teures Geld oder gar nicht ändern.

Ein RTW-Ticket ist außerdem viel teurer als schlau gebuchte Einzelflüge. Beworben werden RTWs oft nur mit dem Basispreis. Erst beim genauen Hinsehen bekommt man mit, dass zu dem Basispreis noch Steuern und Gebühren dazukommen, die bei 500 bis 1000 Euro liegen. Insgesamt summiert sich das für ein einfaches RTW-Ticket auf der Nordhalbkugel auf mindestens 2500 Euro.

Beim RTW-Ticket sind immerhin schon einige Kurzstreckenflüge inklusive. Da aber Inlandsflüge und regionale Flüge derzeit so günstig wie noch nie sind, kann man für sie nur einen Gegenwert von etwa 500 Euro ansetzen. Somit bleiben immer noch rund 2000 Euro für den Fernflug-Anteil des RTW-Ticket. Das ist rund doppelt so viel wie mit anderen Flugstrategien.

Wenn du deine Fernflüge komplett vorher planen willst, dann buche lieber Round Trips oder Gabelflüge so, dass die Strecken eine »Weltreise-Acht« um deinen Startpunkt bilden. So bekommst du deine Fernflüge für die Weltreise schon für 1000 Euro oder weniger. Du kannst außerdem gratis einen Heimatbesuch zur Halbzeit einlegen. Eine flexible Alternative sind One-Way-Flüge. Du planst nur grob deine Route, entscheidest unterwegs, wie es weitergeht. Das spontane Reisen kostet mit mindestens 1000 Euro etwas mehr als mit Gabelflügen. Mehr dazu erfährst du in den folgenden Kapiteln.

DIE VOR- UND NACHTEILE VON ROUND-THE-WORLD-TICKETS

- **Fixpreis:** Das Budget für Flüge steht von Anfang an fest.
- **Zeitänderung:** Die Flugtermine lassen sich gratis ändern.
- **Ansprechpartner:** Es gibt eine zentrale Anlaufstelle.
- **Direktflüge:** Der Aufpreis für Nonstop-Flüge fällt weg.
- **Meilen-basiert:** Bei RTWs, die eine bestimmte Anzahl von Flugmeilen beinhalten, erhältst du die Südhalbkugel-Flüge ohne Aufpreis.
- **Hoher Preis:** RTW-Tickets sind um einiges teurer als einzeln gebuchte Flugkombinationen.
- **Fixe Route:** Die Route kannst du nur gegen Aufpreis oder gar nicht ändern.
- **Gültig nur bis zu einem Jahr:** RTW-Tickets sind maximal für ein Jahr Reisedauer gültig.
- **Über Land:** Überlandstrecken werden in die Berechnung der Gesamtmeilen einbezogen.
- **Regeln:** Du kannst nur in eine Richtung fliegen und bist auf das Streckennetz der Airline beschränkt.

Auf dem Weg nach Australien und Neuseeland gibt es noch eine kostengünstige Alternative. *Qantas* (Australien) und *Air New Zealand* (Neuseeland) bieten ein RTW-Ticket light an. Die beiden weltweit agierenden Airlines lassen dich auf dem Weg von und nach Ozeanien jeweils einen beliebig langen Stopp einlegen. Besuche so einmal Asien und einmal Nordamerika, auch für Wochen oder Monate. Vergleiche aber die Preise.

Einen Kompromiss zwischen Selbstbuchung und RTW-Ticket bieten Weltreise-Büros wie *Reiss-Aus, STA-Travel* und *Travel Nation*. Du bekommst individuelle Weltreise-Flüge oder Standardrouten zum Festpreis. Du musst dich immer noch auf eine Route festlegen, aber andere Nachteile von RTW-Tickets entfallen. Weltreise-Büros sind außerdem günstiger, vor allem wenn du dich für eine Standardroute entscheidest.

3. ROUND-TRIP-FLÜGE AB 800 EURO

Round Trip heißt Hin- und Rückflug auf dem gleichen Ticket. Wenn du zwei solcher Tickets aneinanderhängst, hast du eine Mini-Weltreise auf drei Kontinenten. Du fliegst zum Beispiel von Frankfurt nach Bangkok und zurück, anschließend von Frankfurt nach Cancún und zurück. Von Bangkok aus kannst du Südostasien bereisen und von Cancún aus Mittelamerika.

Einen Round-Trip-Flug nach Asien oder Nordamerika findest du bereits für 400 bis 500 Euro. Bei gutem Timing bist du für alle Fernflüge auf der Mini-Weltreise ab 800 Euro dabei. Mit Error Fares und Flugschnäppchen kann es sogar noch weniger sein. Flüge nach Südamerika sind nicht ganz so günstig und kosten zwischen 500 und 600 Euro.

Wenn du erst mal auf dem richtigen Kontinent bist, hast du volle Bewegungsfreiheit. Günstige Kurzstreckenflüge gibt es wie Sand am Meer. Am besten ist es aber, möglichst viel vor Ort über Land zu reisen. Du willst ja auch etwas von deinem Reiseziel sehen und nicht nur darüber hinwegfliegen.

Eine Weltreise mit zwei Round Trips ist viel günstiger als eine Weltumrundung. Du sparst dir die teure Pazifiküberquerung und nutzt den Preisvorteil, der dir im Vergleich zu einem One-Way-Flug den Rückflug fast dazu schenkt. Du kannst außerdem zur Halbzeit einen Heimatbesuch einschieben, Weihnachten mit deiner Familie verbringen oder einen kurzen Sommerurlaub in der Heimat machen.

Round Trips suchst du am besten mit der Radiussuche oder Ländersuche der Suchmaschine *Kiwi*. *Google Flights* ist eine ebenfalls gute, aber weniger flexible Alternative.

Den besten Preis bekommst du, wenn du dich beim Datum nicht auf einen bestimmten Tag festlegt, sondern einen Zeitraum von mehreren Tagen wählst und beim Abflughafen auch mal eine Bahn-Anreise in Kauf nimmst, die manchmal sogar im Flugpreis inkludiert ist *(Zug zum Flug, Rail and Fly)*.

ZWEI ROUND TRIPS ERGEBEN EINE WELTREISE

Die günstigste Flugstrategie für eine Weltreise sind zwei einfache Hin- und Rückflüge, die man miteinander kombiniert.

- Fliege von Europa aus nach zum Beispiel Südostasien, mit einem Rückflug einige Monate später.
- Bereise zwischen dem Hin- und Rückflug Südostasien und vielleicht noch Südasien.
- Etwa zur Halbzeit deiner Weltreise fliegst du wie geplant zurück.
- Nach kurzem Heimaturlaub fliegst du den zweiten Hin- und Rückflug zum Beispiel nach Südamerika.
- Bereise Südamerika und fliege wie geplant zurück.

Günstige Round Trips haben meist einen Zwischenstopp am Heimatstandort der Airline. Dauert der Aufenthalt über Nacht, nennt man das einen Stopover. Manchmal kannst du so einen Stopover sogar zum mehrtägigen oder mehrwöchigen Aufenthalt ausbauen, siehe später in diesem Kapitel.

Es gibt mehr Möglichkeiten, Flüge zu kombinieren, als du vielleicht denkst. Ein Round Trip ist eine der einfachsten Flugvarianten, aber selbst da kannst du variieren. Wenn du einen Flug von A nach B über X hast, vergleiche auch die Alternative mit gestaffelten Flügen. Das heißt, du buchst einen Round Trip von A nach X und einen weiteren Round Trip von X nach B. Das kann günstiger sein als den gesamten Flug auf einem Ticket zu buchen. Sei dir aber bewusst, dass du nur bei Flügen auf demselben Ticket eine Garantie hast, den Anschlussflug zu erreichen.

4. GABELFLÜGE MIT DER ACHT AB 1000 EURO

Round Trips sind günstig und elegant, aber nicht besonders praktisch. Du musst vor Ort immer eine Rundreise machen, weil du vom gleichen Flughafen wieder zurückfliegst. Besser sind Gabelflüge, also Flüge von A nach B, aber zurück von C nach A.

Du fliegst zum Beispiel von Frankfurt nach Singapur und zurück von Bangkok. Zwischen Singapur und Bangkok kannst du flexibel über Land reisen. Je weiter die Gabel auseinanderklafft, desto länger wird deine Überlandroute.

Du musst nicht in der gleichen Region bleiben. Stell dir vor, du fliegst nach Mumbai und sechs Monate später zurück von Bangkok. Erst erkundest du Indien, Nepal und Sri Lanka. Dann fliegst du günstig nach Kuala Lumpur und reist durch Malaysia und Thailand. Am Ende fliegst du von Bangkok zurück.

Anschließend wiederholst du das gleiche Prinzip mit Mittelamerika und Südamerika. Deine Route schaut auf der Weltkarte aus wie eine liegende Acht oder wie das Unendlich-Zeichen ∞.

Gabelflüge können so günstig sein wie Round Trips, kosten aber meist mehr. Am besten rechnest du mit 500 bis 600 Euro pro Flug, also mit mindestens 1000 Euro Flugkosten insgesamt. Dazu kommen natürlich die Transportkosten für das Überlandsegment zwischen den Gabelenden.

Günstige Gabelflüge sind leider nicht so einfach zu finden. Am besten nimmst du einen preiswerten Round Trip als Grundlage für deine Suche. Schau dann, welche Ziele dieselbe Airline noch ansteuert und welche dich davon interessieren.

Jede Airline hat eine Route Map, eine Landkarte mit den eingezeichneten Flugrouten. Suche einfach per *Google*-Bildersuche nach zum Beispiel »Sri Lankan Airlines route map«. Das geht schneller als auf den Webseiten der Fluggesellschaften. Du wirst wahrscheinlich erstaunt sein, wo manche Airlines überall hinfliegen. Ihr Streckennetz wird nämlich durch Partner-Airlines erweitert um Flüge, die sie gar nicht selbst durchführen, aber unter einer ihrer eigenen Flugnummern anbieten.

Suchen und buchen kannst du Gabelflüge über die Suchoption »Multi City«, »Multi Stop« oder »Mehrere Flughäfen«. Die besten Flugsuchmaschinen für Gabelflüge sind *Swoodoo, Kayak* und *ITA Matrix*. Andere Flugsuchmaschinen sind leider nicht flexibel genug bei der Gabelflugsuche.

Vergleiche den Preis eines Gabelflugs immer mit dem eines Round Trip plus Kurzstreckenflug zurück zum Zielort. Gerade in Asien, Nordamerika und Europa sind Kurzstreckenflüge überraschend günstig. Buche wie beim Round Trip direkt bei der Airline oder bei einer Meta-Suchmaschine wie *Skyscanner* oder *momondo*.

5. FLEXIBEL MIT ONE WAYS AB 1200 EURO

Die bekannteste Alternative zum Round-the-World-Ticket besteht darin, One-Way-Flüge zu buchen, also Flüge ohne Rückflug. Mehr Freiheit gibt es nicht auf einer Weltreise. Du legst ein Zielland für den Start fest, planst nur grob deine Route ab dort und entscheidest den genauen Verlauf Schritt für Schritt unterwegs. Und je nach Verlauf buchst du dann den One-Way-Flug zurück in die Heimat.

Du erkaufst dir diese größere Freiheit mit einem etwas höheren Preis im Vergleich zu Round Trips und Gabelflügen. Wenn du dich an Billigflieger hältst und früh genug buchst, kommst du mit One Ways schon für 800 Euro um die Welt. Realistischer ist es jedoch, mit mindestens 1000 Euro zu rechnen. Wenn du richtig spontan reist, sind auch 1200 Euro schnell erreicht. Bei klassischen Airlines kostet ein One-Way-Ticket leider viel zu viel, oft 75 bis 100 Prozent von einem Round Trip. Die Tarife von klassischen Fluggesellschaften sind auf wenig preisempfindliche Geschäftsreisende ausgelegt. Natürlich würde niemand freiwillig angeben, auf Geschäftsreise zu sein, wenn das mehr kostet. Weil Geschäftsreisende aber meist zum Wochenende zurückkehren, kosten Hin- und Rückflüge, die nicht über ein Wochenende gehen, extra.

Diese Preisdiskriminierung könntest du aushebeln, indem du statt eines Round Trips zwei One Ways buchst. Das wissen die Fluglinien natürlich auch. Deshalb preisen klassische Airlines One Ways unverhältnismäßig hoch ein. Du zahlst Preise, als wärst du Geschäftsreisender und als ob deine Firma dafür aufkommt.

Bei Billigfliegern sind die Preise fair und zwei One Ways kosten genau so viel wie ein Round Trip. Wenn du den Preis optimieren willst, solltest du also für die Langstrecke auf Billigflieger setzen. Langstrecken-Billigflieger gibt es jedes Jahr mehr, aber das Angebot ist immer noch überschaubar. Es lohnt sich, die Rennstrecken für interkontinentale Billigflieger zu recherchieren. Du kannst dadurch viel Geld sparen.

Beachten solltest du dabei Flüge in »Flaschenhälse«, Ein Beispiel ist die Pazifik-Überquerung. Billigflieger fliegen alle über Hawaii, egal ob von Korea, Japan, Singapur oder Australien aus. Die Fernstrecke von Europa nach Südostasien läuft vor allem über Bangkok mit wenigen Alternativen in Singapur.

Ebenfalls stark limitiert sind die Flüge zwischen Nord- und Südamerika. Verbindungen gibt es von Mexiko-Stadt, Miami und Panama City mit hauptsächlich Zielen in Kolumbien plus Lima in Peru. Noch rarer sind die Billigflieger-Angebote zwischen Südamerika und Europa. Sie beschränken sich fast ausschließlich auf Buenos Aires und São Paulo.

DIE RENNSTRECKEN DER BILLIGFLIEGER

Bei klassischen Airlines sind One Ways meist so teuer wie zwei Flüge. Faire Preise findest du bei Billigfliegern. Der Nachteil hier ist aber die schlechte Auswahl bei den meisten Verbindungen weltweit. Dies sind die Billigflieger-Rennstrecken mit viel Auswahl:

- Europa nach Nordamerika,
- Europa nach Mittelamerika,
- Südostasien/Ostasien nach Australien,
- Südostasien nach Ostasien,
- Südostasien nach Südasien,
- Dubai nach Europa,
- Dubai nach Südasien,
- Dubai nach Zentralasien,
- Dubai nach Nordafrika,
- Dubai nach Ostafrika.

Mehr Rennstrecken findest du in der Flugzonen-Weltkarte im Bildteil.

Billigflieger-Autobahnen mit unzähligen Optionen gibt es auch. Sie verlaufen zwischen Europa und Nordamerika sowie zwischen Europa und Mittelamerika. Auch Südasien und Südostasien sowie Südostasien, Ostasien und Australien sind gut miteinander vernetzt. Ein wahres Billigflieger-Drehkreuz ist die arabische Halbinsel. Du findest vor allem ab Dubai viele günstige One-Way-Flüge nach Europa, Südasien, Zentralasien, Nordafrika und Ostafrika.

Günstige One-Way-Flüge sind wegen der einfach aufgebauten Billigflieger-Tarife sehr leicht zu finden. Du kannst außerdem sehr flexibel suchen. Es gibt zwei darauf spezialisierte Suchmaschinen: *AZair* und *Kiwi*. Bei Billigfliegern ist es noch wichtiger, die Preise genau zu vergleichen. Schau immer auch auf der Webseite der Airline und in Meta-Suchmaschinen wie *Skyscanner* und *momondo*. Buche Billigflieger immer so früh wie möglich, aber ohne Stress.

6. STOPOVER: ZWEI FLÜGE ZUM PREIS VON EINEM

Egal ob du dich für One Way, Round Trip oder Gabelflug entscheidest: Optimieren geht immer. Einer der einfachsten Flugsuche-Tricks sind Stopover. Ein Stopover ist ein Zwischenstopp von mehr als einem Tag. Layover sind ähnlich, aber kürzer als 24 Stunden. Stopover kannst du nutzen, um gleich mehrere Tage oder Wochen zu bleiben. So kannst du zwei Reiseziele sehen zum Preis von einem.

Stell dir vor, du fliegst über Peking nach Tokio. Statt in der Hauptstadt von China nur einen nervigen Zwischenstopp zu machen, bleibst du gleich drei Tage. Du siehst die Große Mauer, die Verbotene Stadt, Hutongs (Wohngebiete in traditioneller Bauweise) und vieles mehr. Bis zu einem Aufenthalt von 72 Stunden bekommst du in China sogar gratis und unkompliziert ein Visum. Auch andere Reiseziele haben Transit-Visa-Regelungen, um einen Kurzaufenthalt attraktiv zu machen.

Dabei muss es kein kurzer Zwischenstopp in einer Stadt sein. Ein Stopover kann auch mehrere Wochen dauern. Bei einem Flug von Bangkok nach Los Angeles hatte ich einen Zwischenstopp in Kunming, China. Den habe ich auf drei Wochen verlängert. Das ist genug Zeit, um Yunnan zu erkunden, inklusive einem Abstecher auf das tibetische Hochplateau. Bei vielen Fluglinien ist die Verlängerung eines Stopover gratis. Aber selbst mit einem Aufpreis kann es sich lohnen. Vergleiche aber immer die Preise gegenüber Einzelflügen. Mit Round Trips sind bei manchen Fluggesellschaften sogar zwei Stopover möglich, jeweils einer bei Hin- und Rückflug. Viele Airlines spendieren bei einem Aufenthalt von mehr als acht Stunden ein kostenloses Hotelzimmer und einen Shuttle-Service.

MIT STOPOVER GELD SPAREN

Diese Airlines bieten auf einem Großteil ihrer internationalen Routen kostenlose Stopover an:

- Air China in Peking, Shanghai,
- China Southern in Peking, Guangzhou, Shanghai,
- Emirates in Dubai,
- Etihad in Abu Dhabi,
- Finnair in Helsinki,
- Hawaiian Airlines in Honolulu,
- Icelandair in Reykjavik,
- Japan Airlines in Tokio, Osaka,
- Qatar Airways in Doha,
- Royal Air Maroc in Casablanca,
- Singapore Airlines in Singapur,
- TAP Portugal in Lissabon, Porto,
- Turkish Airlines in Istanbul.

Stopover findest du, wenn du dir bei einer Flugsuche die gelisteten Zwischenstopps ansiehst. Gefällt dir der Ort der Zwischenlandung, dann verlängere die Aufenthaltsdauer. Baue die Flugsuche dafür als Multi City nach. Gib also die gleichen Daten ein, inklusive Zwischenstopp. Statt A nach B über X suchst du also A nach X und im zweiten Segment X nach B am gleichen Tag. Du solltest nun den gleichen Flug sehen wie vorher bei der einfachen Suche. Jetzt fange an, mit dem Datum zu spielen, und schau, was passiert.

7. GÜNSTIGE KURZSTRECKENFLÜGE FINDEN

Ein kleinerer Kostenfaktor als Fernflüge sind Kurzstreckenflüge innerhalb einer Region. Kleiner ist dann aber auch das Sparpotenzial. Die meisten deiner Kurzstreckenflüge werden One Ways sein, schließlich willst du vorankommen. Sie gibt es zu günstigen Preisen fast ausschließlich bei Billigfliegern. Daher lohnt es sich zu wissen, in welchen Regionen der Billigfliegermarkt ein großes Angebot hat. Nimm für Kurzstreckenflüge am besten die Flugsuchmaschine *Kiwi* und buche mit *momondo* oder *Skyscanner*. Bei Billigfliegern musst du Aufgabegepäck extra zahlen. Fliege also nur mit Handgepäck. Wie du das machst, siehst du bei den Packtipps später im Buch.

Europa ist eine perfekte Flugzone für One-Way-Flüge. Zahlreiche Billigfluggesellschaften konkurrieren dort. Das Angebot an preiswerten One-Way-Flügen ist daher groß, egal ob von Berlin nach Teneriffa oder von Barcelona nach Budapest. Die europäische Flugzone umfasst auch Nordafrika, die Türkei mit dem Kaukasus und den europäischen Teil von Russland.

Fast genauso frei wie in Europa kannst du dich in Südost- und Ostasien bewegen. Immer noch halbwegs gut verbunden sind Ozeanien und ganz Nordamerika bis Kolumbien und Venezuela. In diesen Regionen musst du nicht groß planen.

Komplizierter wird es in Südamerika, Subsahara-Afrika und Zentralasien. Dort fehlen die Angebote, und die Preise sind entsprechend hoch. Es lohnt sich deshalb, vorher zu planen, welche Routen sinnvoll sind. Wenn du ganz ohne Plan fliegst, kann das teuer werden. In Südamerika sind Flüge innerhalb von Ländern günstig, besonders in Brasilien. Die meisten Flüge zwischen Ländern sind dagegen teuer. Fliege also möglichst an die Landesgrenzen statt in das nächste Land, und reise über Land ein. Du sparst zum Beispiel viel Geld, wenn du von Lima nach Juliaca am Titicacasee fliegst und von dort nach Bolivien einreist, statt direkt nach La Paz zu fliegen.

In Afrika gibt es vier verschiedene Flugzonen, die sehr schlecht miteinander verbunden sind. Der Markt in Zentralasien wird von staatlichen Airlines beherrscht. Es gibt aber eine langsam wachsende Zahl von Verbindungen zur arabischen Halbinsel. In den Problemregionen Geld zu sparen ist schwierig. Du kannst versuchen, die Langstreckenflüge deiner Anreise und Kurzstreckenflüge in einer Multi-City-Suche zu kombinieren. Das kann günstiger sein, selbst wenn die Flüge nicht direkt aneinander anknüpfen.

In Südamerika kann sich für Vielflieger ein Airpass lohnen. Airpässe bestehen aus drei bis zehn Coupons, die in der Regel zu Hause bezahlt und im Zielgebiet gegen Inlandsflüge eingetauscht werden. Das kommt meist günstiger, als die Flüge einzeln zu kaufen. Den ersten Inlandsflug musst du beim Kauf häufig verbindlich festlegen. Die weiteren Flugstrecken und -verbindungen kannst du dann direkt vor Ort bestimmen. Eine weitere Einschränkung besteht darin, dass du einen Airpass oft nur in Verbindung mit einem Fernflug derselben Gesellschaft kaufen kannst. Vergleiche die Angebote von *LATAM*, *OneWorld*, *GOL* und *Aerolineas*.

Vernachlässige das Überlandreisen nicht. Wenn du immer nur von A nach B nach C fliegst, verpasst du die eigentliche Reise. Auf kürzeren Strecken sparst du mit Bus, Bahn und Schiff Geld gegenüber einem Flug, und umweltfreundlicher ist das obendrein noch. Denke bei Strecken von acht bis zwölf Stunden über einen Nachtbus oder Nachtzug nach. Wenn du die Schlafzeit abziehst, ist das schneller als ein Flug.

GÜNSTIG AUF DER KURZSTRECKE FLIEGEN

Beachte diese Tipps für günstige Kurzstrecken-Flüge:

- Nutze Kiwi als Flugsuchmaschine mit Radiussuche.
- Buche mit momondo oder Skyscanner.
- Fliege mit Handgepäck, Aufgabegepäck kostete extra.
- Fliege innerhalb einer Flugzone oder auf Rennstrecken.
- Plane Flüge innerhalb von Südamerika, Subsahara-Afrika und Zentralasien gut, um hohe Kosten zu vermeiden.
- Vergleiche Nachtzug und Nachtbus als Alternative.

8. ONE-WAY- UND WEITERFLUGTICKET

Internationale One-Way-Flüge können unerwartete Probleme machen. Eventuell musst du beim Check-in am Flughafen ein Weiterflugticket zeigen. Wenn du keins hast, lassen sie dich nicht einchecken.

Ein Weiterflug oder Rückflug ist Voraussetzung für die meisten Visa. In der Praxis interessiert das die Grenzbeamten aber nur in wenigen Ländern. Aufpassen musst du in Brasilien, Costa Rica, Indonesien (inkl. Bali), Neuseeland, Panama, Peru, auf den Philippinen, in den USA, in der Dominikanischen Republik und weiteren Karibik-Staaten

Die Fluggesellschaft will hingegen regelmäßig einen Weiterflug sehen. Sie muss nämlich Strafe zahlen oder für deinen Rückflug aufkommen, wenn du aus vorhersehbaren Gründen abgewiesen wirst.

Wenn du immer jeweils einen Flug im Voraus buchst, umgehst du diese Schwierigkeiten und kannst immer ein gültiges Weiterflugticket vorweisen. Meist reicht auch ein Weiterflug vom Nachbarland aus, das du über Land erreichst.

Wenn du flexibel bleiben willst, musst du improvisieren. Du kannst zum Beispiel einen sehr günstigen Weiterflug buchen und ihn verfallen lassen. Meist wird statt einem Flug auch ein Busticket akzeptiert, das ist natürlich günstiger. Du kannst auch erst am Flughafen nachbuchen, wenn du sicher bist, dass sie auf einem Weiterflug bestehen. Sei aber früh genug am Check-in.

Du kannst Weiterflugtickets auch mieten. Das bieten *Air Onward Ticket, Best Onward Ticket, Keyflight* und *OneWayFly* an. Du bekommst bei den genannten Agenturen für zehn bis 20 Dollar ein Ticket ausgestellt, das nachprüfbar ist, aber nach kurzer Zeit verfällt. Die Anbieter unterscheiden sich bei Preis und Gültigkeitsdauer. Eine riskante Alternative sind Fake-Ticket-Maker, mit denen man im Internet ein gefälschtes Ticket generieren kann. Die kosten zwar nichts, sind aber auch nicht in der Datenbank nachprüfbar. Falls du dich darauf einlässt: Zeige ein gefälschtes Ticket nur der Airline, aber niemals der Immigration! Das kann strafbar sein.

Wenn du ein gewisses Risiko nicht scheust, kannst du ein teures erstattungsfähiges Ticket kaufen. Das kannst du gratis stornieren. Die Rückerstattung des Kaufpreises kann aber Wochen dauern, es können versteckte Gebühren anfallen oder du bekommst das Geld nur als Guthaben zurück. Selbst bei nicht erstattungsfähigen Tickets bekommst du teilweise dein Geld zurück. Flüge von US-Anbietern kannst du innerhalb von 24 Stunden stornieren, wenn sie online gebucht wurden. Dieses Gratis-Rückgaberecht bei Online-Buchungen ist durch ein Gesetz in den USA vorgeschrieben. Anbieter, die das betrifft, sind zum Beispiel *orbitz.com* oder *expedia.com*. Es ist dabei völlig egal, ob dein Flug über die USA geht oder nicht. Lies aber das Kleingedruckte genau und suche nach aktuellen Erfahrungsberichten.

Nach der Einreise kannst du dann machen, was du willst. Buche einen anderen Flug, verlängere dein Visum oder reise über Land aus. An Landgrenzen wird übrigens nicht nach einem Weiterflug gefragt. Achtung: Bei einigen Karibik-Inseln wie Aruba, Barbados und Bermuda reicht ein Weiterflug nicht! Sie wollen einen Rückflug bis in dein Heimatland sehen.

MÖGLICHKEITEN, EINEN WEITERFLUG NACHZUWEISEN:

Für One-Way-Flüge musst du oft einen Weiterflug nachweisen. Das machst du so:

- Buche schon das nächste Flugticket für deine Reise.
- Versuche es mit einem günstigen Busticket.
- Buche ein günstiges »Wegwerfticket«.
- Miete bei Weiterflugticket-Anbietern.
- Nutze das 24-Stunden-Storno von US-Anbietern.
- Storniere einen voll erstattungsfähigen Flug.
- Buche nur im Ernstfall ein Ticket nach.

9. GÜNSTIGE FLÜGE IN ZWEI SCHRITTEN

Einen günstigen Flug findest du in zwei Schritten. Erst kommt die Flugsuche, bei der du Flugverbindungen miteinander vergleichst. Die Verbindungen können sich beim Datum und bei Start und Ziel unterscheiden. Je flexibler du bei Ort und Zeit bist, desto größer ist die Chance, ein Schnäppchen zu machen. Statt am 2. November nach Singapur zu fliegen, solltest du auch nach Flügen am 1. November nach

Kuala Lumpur suchen. Wenn du noch flexibler bist, vergleiche die Preise mit denen von Flügen am 7. November nach Bangkok. Vielleicht ist es besser, von Köln statt von Düsseldorf zu fliegen? Oder lohnt sich gar die Anreise nach Amsterdam oder Brüssel?

Im zweiten Schritt machst du einen Preisvergleich. Du lässt für deine gefundene Flugverbindung Meta-Suchmaschinen gegeneinander antreten. Die vergleichen wiederum die Preise mehrerer Online-Reisebüros miteinander. Außerdem siehst du nach, was dein Flug direkt auf der Webseite der jeweiligen Airline kostet. Beim günstigsten Anbieter buchst du dann, im Zweifelsfall immer direkt bei der Fluggesellschaft selbst.

> »Ich bin vielleicht nicht dahin gegangen, wo ich hin wollte, aber ich bin wohl dort angekommen, wo ich sein sollte.«
>
> Douglas Adams

»Suche flexibel« ist der beste Ratschlag für den ersten Schritt. Das ist einfacher gesagt als getan. Fast alle Flug-Suchmaschinen geben vor, flexibel suchen zu können, aber die wenigsten können es wirklich. *Skyscanner* und *momondo* lassen dich nach Flügen in ein ganzes Land oder nach »Irgendwo« suchen. Du hast sogar eine Kalenderansicht mit den günstigsten Tagen. Das sind aber nur Stichproben von früheren Suchen. Die meisten Verbindungen fehlen. Und die Preise, die du siehst, haben sich wahrscheinlich längst geändert.

Fünf wirklich flexible Flug-Suchmaschinen stehen in der Infobox. Die wichtigste davon ist *Kiwi*. Mit Länder-, Kontinent- und Radiussuche sowie »Kein bestimmtes Ziel« kannst du sehr flexibel nach Orten suchen. Mit Aufenthaltsdauer- und Zeitraumsuche sowie »Irgendwann« kannst du sehr flexibel nach einem Datum suchen. Die gefundenen Preise sind aktuell, und die Verbindungen sind vollständiger als bei anderen Flug-Suchmaschinen.

Kiwi beherrscht sogenannte Hacker Fares besser als andere Flug-Suchmaschinen. Dabei werden Flugsegmente verschiedener Airlines zusammengesetzt. Normalerweise gibt es bei dieser Segmentierung das Risiko, dass du unterwegs Anschlussflüge verpasst. *Kiwi* gibt aber eine Garantie bei Verspätungen, Stornierungen und Änderungen. Überlege dir trotzdem, woanders zu buchen. *Kiwi* ist eine erstklassige Flug-Suchmaschine, aber eine drittklassige »Flug-Buchungsmaschine«.

FLEXIBLE FLUG-SUCHMASCHINEN

- gut für alles außer Gabelflüge: *kiwi.com*
- gut für Round Trips: *flights.google.de*
- gut für Gabelflüge: *kayak.com, matrix.itasoftware.com, swoodoo.com*
- nur für One Ways: *azair.eu*

META-PREISVERGLEICHE ZUM BUCHEN

- alle Flugarten: *momondo.de, skyscanner.de*
- kein Multicity: *flug.idealo.de*

10. WEITERE TIPPS ZUR FLUGSUCHE

Mit einer flexiblen Suchmaschine und einem Meta-Preisvergleich hast du schon vieles richtig gemacht. Wenn du sowieso flexibel suchst, brauchst du dir um Ratschläge zu günstigen Wochentagen und Ferienbeginn keine Gedanken zu machen, das siehst du selbst am Preis. Daneben gibt es noch eine Reihe weiterer Tipps, wie man günstige Flüge findet.

Wie lange du vor dem Flug buchst, hat großen Einfluss auf den Preis. Am teuersten sind Flüge in der Woche vor dem Abflugtag. Aber auch acht Monate vor dem Flug sind die Preise hoch. Die Ausnahme sind Billigflieger. Bei ihnen gilt fast immer: Je früher die Buchung, desto günstiger der Flugpreis.

Die ideale Buchungszeit hängt vom Startpunkt und Ziel ab. Von Deutschland aus buchst du Kurzstreckenflüge sowie Flüge nach Nord- und Mittelamerika am günstigsten zwei bis acht Wochen vor dem Flug. Nach Süd- und Südostasien sind sechs bis zehn Wochen vor dem Flug die Preise niedrig. Für die meisten anderen Regionen buchst du am besten zwischen vier und sechs Monate vor dem Flug. Dazu gehören Ostasien, Südamerika, Karibik, Australien und südliches Afrika. Achtung: Das sind alles nur Richtwerte, die auch von der Jahreszeit abhängen!

Die günstigste Verbindung ist nicht immer der günstigste Flug. Wenn du mitten in der Nacht abfliegst oder ankommst, fahren oft keine öffentlichen Verkehrsmittel mehr. Ein Taxi kann jede Ersparnis zunichtemachen. Wenn du auf einem Nachtflug nicht ausschlafen kannst, bist du womöglich den ganzen nächsten Tag gerädert. Berücksichtige bei einem selbst gebuchten Anschlussflug mit einer anderen Fluglinie genügend Zeit zum Umsteigen. Sonst riskierst du, den Anschlussflug zu verpassen und auf den Kosten sitzen zu bleiben. In manchen Ländern entstehen auch Kosten für eventuelle Transit-Visa.

Wähle ansonsten den günstigsten Preis. Du brauchst keinen Super-Flexi-Smart-Tarif, der umbuchbar und erstattungsfähig ist. Und du kommst auch ohne Versicherung, Sitzplatzwahl und Unterhaltungsprogramm am Ziel an. Du musst kein Gepäck aufgeben, und Essen kannst du mitnehmen. Viele dieser Optionen sind bei der Flugbuchung automatisch aktiviert, wähle sie alle ab.

Du musst auch nicht mit einer tollen Airline fliegen. Und den super-teuren Sitzplatz in Business und First Class brauchst du erst recht nicht. Ein Flugzeug ist ein magisches Transportmittel, das dich in wenigen Stunden an weit entfernte Orte bringt. Der Service während dieser paar Stunden ist völlig egal. Nach der Landung bekommst du viel mehr Service für das gleiche Geld.

Der letzte und wichtigste Tipp lautet, den guten Flug auch wirklich zu buchen. Flugpreise ändern sich ständig. Wenn du ewig überlegst, sind die tollen Flüge bald weg. Was glaubst du, wie oft ich schon eine Nacht darüber schlafen wollte, und am nächsten Tag war dann der gute Preis weg ...

TIPPS FÜR EINE ERFOLGREICHE FLUGSUCHE

- Nimm eine flexible Flugsuchmaschine.
- Mache einen Preisvergleich mit Meta-Suchen.
- Buche nicht mehr als ein halbes Jahr vorher.
- Buche möglichst mehr als zwei Wochen vorher.
- Buche bei Billigfliegern immer so früh wie möglich.
- Die beste Buchungszeit hängt vom Reiseziel ab.
- Nimm den günstigsten Tarif und deaktiviere alle Häkchen.
- Berücksichtige Nebenkosten, zum Beispiel für sehr späte Ankünfte.
- Buche einen günstigen Flug schnell, sonst ist er weg.

11. RECHTE BEI FLUGVERSPÄTUNG UND -ANNULLIERUNG

Verpasst du wegen einer Flugverspätung einen Anschlussflug, der auf demselben Ticket wie der verspätete Flug gebucht ist, muss die Fluggesellschaft dir einen kostenlosen Ersatzflug stellen. Das Gleiche gilt, wenn die Airline einen Flug annullieren sollte.

Sind die Anschlussflüge auf unterschiedlichen Tickets ausgestellt, hast du keine Ansprüche gegen die zweite Fluggesellschaft, wenn du den Anschlussflug verpasst. Nur die Flugsuche *Kiwi* bietet bei solchen »Hacker Fares« eine Anschlussversicherung. Du rufst dann bei *Kiwi* an, und die besorgen dir einen Ersatzflug. Bis zu 600 Euro Entschädigung bekommst du ab drei Stunden Verspätung bei Flügen mit Start in der EU oder bei Flügen mit Ziel in der EU, wenn die Airline ihren Sitz in der EU hat. Es gibt aber noch einige weitere Voraussetzungen, so dürfen zum Beispiel keine außergewöhnlichen Umstände vorliegen. Darauf berufen sich die Airlines auch gern einmal, wenn es nach der genauen Definition gar nicht zutrifft. Damit musst du dich aber nicht selbst auseinandersetzen.

Schreibe bei einer Verspätung oder Annullierung der Airline, beim *ADAC* gibt es einen Formularvordruck. Wenn das nichts hilft, wende dich an die Schlichtungsstelle *SÖP* und fülle deren Formular aus. Erst wenn das keine Früchte trägt, solltest du dich an einen der vielen Dienstleister wenden. Firmen wie *Fairplane* versprechen, dein Geld einzuklagen, gegen eine Beteiligung von 25%.

Ähnliche Regeln wie für die EU gelten für die Türkei und Israel. In anderen Ländern musst du auf die Kulanz der Airline hoffen. Wenn du einen Flug selbst verschuldet verpasst, kannst du immer noch Steuern und Gebühren zurückfordern. Das ist manchmal der halbe Ticketpreis.

KLAGE DIE ENTSCHÄDIGUNG NACH EU-FLUGGASTRECHTEN EIN

Voraussetzung ist eine dieser beiden Möglichkeiten:
- Flug mit Start in der EU,
- Flug mit Ziel in der EU und Sitz der Airline in der EU.

Gehe in drei Schritten vor, wenn der vorherige Schritt nichts bringt:
1. Schildere der Airline den Sachverhalt selbst.
2. Wende dich an die Schlichtungsstelle *SÖP*.
3. Lass dir vom Fluggastrecht-Portal *Fairplane* helfen.

12. WELTREISE OHNE FLIEGEN

Mit Langstreckenflügen legst du in kurzer Zeit und mit vergleichsweise geringen Kosten große Strecken zurück. Es gibt jedoch viele gute Gründe, die gegen das Fliegen sprechen. Die Alternative ist der Landweg. Dafür musst du aber viel mehr Zeit und auch mehr Geld einplanen.

Die *Transsibirische Eisenbahn* ist die einfachste Interkontinental-Strecke über Land. In knapp vier Tagen Fahrzeit bringt sie dich von Moskau an den Baikalsee. Von dort ist es auf der *Transmongolischen Eisenbahn* jeweils ein weiterer Tag Fahrzeit bis Ulan-Bator in der Mongolei und Peking in China. Die *Transsib* ist überraschend günstig, wenn du die Tickets direkt bei der russischen Bahn kaufst. Von Moskau nach Peking kommst du für gut 500 Euro in der 2. Klasse im Vierer-Abteil. Nur etwa die Hälfte kostet es, wenn du in der 3. Klasse in einem *Platzkartny*-Waggon mit 16 doppelstöckigen Etagenbetten im Großraumabteil reist und ab Ulan-Ude bis Peking mit dem Bus statt der Bahn fährst.

Eine Atlantik-Überquerung dauert schon länger. Am einfachsten ist eine Transatlantik-Kreuzfahrt. Du kommst schon ab 300 Euro in die Karibik, ab 400 Euro nach Südamerika und ab 500 Euro nach Nordamerika. Bei diesen sehr günstigen Kreuzfahrten handelt es sich um Überführungen am Ende der Saison. Starte für diese günstigen Preise im Frühjahr ostwärts oder im Herbst westwärts, buche im Voraus und teile eine Kabine mit einem Partner.

Abenteuerlicher kannst du per Anhalter auf einem Segelboot den Atlantik überqueren. Du hilfst beim Segeln und bekommst dafür eine freie Überfahrt nach dem Prinzip »Hand gegen Koje«. Du musst nur einen Anteil für laufende Kosten zusteuern. Ein Segelboot braucht schließlich eine Mannschaft, und jeder Kapitän freut sich über Mitsegler. Vorher solltest du das Segeln erst mal in Nordsee oder Mittelmeer lernen. Aber es gibt auch Boote, die dich ohne Erfahrung mitnehmen. Alles, was du wissen musst, lernst du dann direkt vom Kapitän. Die teuerste Möglichkeit, einen Ozean zu überqueren, ist ein Frachtschiff. Die schwimmenden Riesen fahren um die ganze Welt auf allen möglichen und unmöglichen Routen. Du kannst auf vielen Frachtern eine Kajüte mieten. Der Wermutstropfen ist der Preis von rund 100 Euro pro Tag incl. Vollpension. Das wird schnell ein vierstelliger Betrag bei mehrwöchigen Überquerungen.

Das größte Problem bei einer Weltreise ohne Fliegen ist die Pazifik-Überquerung. Es fahren nur wenige Segler die lange Transpazifik-Route, und wenn, dann über ausgedehnte Umwege in der Südsee. Auch Kreuzfahrtschiffe zwischen Japan und Nordamerika sind selten und meist teuer. Frachtschiffe gibt es genug, aber eine Pazifik-Überquerung dauert rund drei Wochen und kostet entsprechend.

Auch zwischen Nord- und Südhalbkugel gibt es Herausforderungen. Die Sahara-Durchquerung im Sudan ist abenteuerlich. Die Darién Gap, die den Pan-American Highway in Panama mit Sumpfland und dichtem Dschungel unterbricht, musst du umschiffen. Von Indonesien nach Australien kommst du nicht, ohne ins Flugzeug zu steigen.

WELTREISE-ALTERNATIVEN OHNE FLUGZEUG

- Transsibirische Eisenbahn: *andersreisen.net, transsib-tipps.de*
- Kreuzfahrten: *cruisesheet.com, vacationstogo.com*
- Frachtschiffreisen: *langsamreisen.de*
- Hand gegen Koje: *handgegenkoje.de, findacrew.net*

IV.

PLANE DEINE REISEROUTE

D u hast nun alle Bausteine für deine Reiseroute zusammen. Du weißt Bescheid über die Weltreise-Dauer und -zeit pro Reiseziel. Du hast einen Überblick über einfache Reiseländer, gute Reisezeiten und teure Reiseziele. Du kennst mehrere Flugstrategien und beliebte Überlandstrecken. Jetzt musst du noch dieses vielteilige Weltreise-Puzzle zu einer groben Route zusammensetzen.

Dazu folgt nun eine schrittweise Anleitung zur Routenplanung. Wenn dabei etwas nicht ganz klar wird, springe erst mal zum nächsten Kapitel mit Beispielen. Dort findest du zwei Beispielrouten, die ich Schritt für Schritt nach dem Schema erstellt habe. Wenn du magst, kannst du natürlich die Beispiele als Grundlage für deine eigene Routenplanung nehmen oder gleich ganz kopieren.

Damit du nicht über die angepeilten 30 Euro pro Tag hinausschießt, folgen nach der Routenplanung Rechenbeispiele und Informationen zum Reisebudget. Berücksichtigt sind dabei auch meine tatsächlichen Reisekosten für ein Jahr Weltreise und für sieben Jahre Langzeitreise.

> »Hör auf, es einen Traum zu nennen, und fang an, es als einen Plan zu sehen.«
>
> Unbekannt

Wie du deine Reiseroute praktisch planst, ist deine Entscheidung. Manche Reisende besorgen sich eine politische Weltkarte aus Kork und stecken sich Ziele mit Reisnägeln und Verbindungen mit Schnüren ab. Schneller ausprobieren kannst du mit einem wasserlöslichen Stift auf einem abwaschbaren Whiteboard mit Weltkarte. Ich persönlich plane am liebsten in *Google Earth* für das Grobe und in *Google My Maps* für die Details. Dort kannst du dir schnell eine Route zusammenklicken und ebenso schnell ausbessern.

Ich wünsche dir viel Erfolg beim Planen deiner großen Reise. Die Vorfreude beim Planen gehört zu einer Weltreise schon mit dazu.

1. SCHRITT FÜR SCHRITT ZUR REISEROUTE

Wirf als Erstes einen Blick in die Buchmitte. Dort findest du noch einmal die wichtigsten Informationen aus den letzten Kapiteln in übersichtlichen Weltkarten. Suche dir anhand dieser Karten deine individuelle Route auf dem Globus.

Die wichtigste Frage für den Anfang der Weltreise ist die Reisezeit. Je nachdem, ob du im Frühjahr, Sommer, Herbst oder Winter startest, kommen andere Reiseziele infrage. Nimm dir also zuerst die Karte mit den Reisezeiten vor und suche dir zur Jahreszeit passende Startpunkte.

Im europäischen Sommer startest du am besten in einem der orangenen Gebiete, zum Beispiel Ostasien oder Indonesien. Im europäischen Winter hast du die Auswahl zwischen blauen Gegenden wie Mittelamerika, Patagonien, Südasien und Südostasien. Orangefarbene Gebiete haben zumindest in einigen Landesteilen das ganze Jahr über eine akzeptable Reisezeit und sind sozusagen deine Joker. Bei den Übergangszeiten Frühjahr und Herbst hast du die Qual der Wahl. Am besten denkst du beim Start im Frühjahr daran, wo du im darauffolgenden Sommer sein willst, und planst die Route danach. Das Gleiche gilt für den Start im Herbst und den darauffolgenden Winter. Die beiden Übergangszeiten sind außerdem ideal für Trekking im Himalaja und Zentralasien.

Wenn du noch keine Individualreise-Erfahrung hast, halte dich für das erste Land an ein einfaches Reiseziel. Das sind alle Länder, die auf der Schwierigkeits-Weltkarte grün sind. Ansonsten hast du in den genannten Regionen sicher schon einige Favoriten. Schließe aber teure Länder aus, die auf der Kosten-Weltkarte rot gefärbt sind. Für deine Route solltest du einen guten Mix aus grünen und orangefarbenen Ländern anstreben.

Schau dir jetzt die Überlandstrecken an und versuche mehrere für dich interessante Länder mit einer Überlandroute zu verbinden. Wenn das nicht gelingt, bleiben noch Kurzstreckenflüge, um mehrere Reiseländer zu verbinden. Schau dazu auf die Flugzonen-Weltkarte. Innerhalb einer farblich abgetrennten Flugzone sind Kurzstreckenflüge sehr günstig. Beachte auch die Pfeile für günstige Flüge auf den Rennstrecken zwischen Flugzonen.

Verliere auch bei dieser Vor-Ort-Planung nie die Reisezeiten aus dem Blick. Nach drei Reiseländern bist du eine Jahreszeit weiter, und die vorher richtige regionale Jahreszeit passt nun vielleicht nicht mehr. Wenn du so in eine Wettersackgasse kommst, musst du vielleicht zurückgehen und ein Land streichen oder deine Route ändern. Mache die Reisezeiten am besten zu deiner obersten Priorität. Du musst kein Perfektionist sein, aber es sollte ungefähr passen. Eine Ausnahme davon sind natürlich Transits und Kurzaufenthalte.

Früher oder später wirst du den Kontinent wechseln. Wie du das machst, kommt auf deine Flugstrategie an. Wenn du mit One Ways fliegen willst, schau dir unbedingt die Weltkarte mit den Langstrecken-Billigfliegern an. Vergiss dabei nicht die Rennstrecken und Flugzonen aus der anderen Karte. Wenn du mit Gabelflügen oder Round Trips fliegst, ist die Auswahl viel größer, aber es gibt hohe Preisunterschiede zwischen verschiedenen Verbindungen. Spiele einige Szenarien in der Flugsuche durch.

Es geht hier wirklich nicht darum, deine Route komplett zu verplanen. Du solltest aber die ersten Reiseziele grob festlegen und für danach einige Varianten ausprobieren und im Kopf behalten. Wenn du mit einem Gabelflug startest, wird dein Rückflug zum Halbzeitpunkt.

Für den zweiten Gabelflug brauchst du dich aber erst im Verlauf der Reise zu entscheiden. Nur bei einem RTW-Ticket musst du die komplette Route von Anfang an in Stein meißeln.

Wenn du wirklich gar nicht weißt, wo du anfangen sollst, fliege erst mal nach Malaysia. Das ist ein sehr einfaches Reiseland, und du hast das ganze Jahr über ordentliches Wetter. Anschließend kannst du günstig über Land reisen oder mit Air Asia weiterfliegen. Zur Weiterreise bietet sich im Sommer Indonesien zur Wintermonsunzeit an und im Winter Festland-Südostasien zur Sommermonsunzeit.

PLANE DEINE ROUTE SCHRITTWEISE

Stelle dir vor jedem neuen Reiseziel auf deiner Route folgende Fragen:

1. Welche Reiseziele haben die richtige Reisezeit?
2. Welche davon sind zu kompliziert oder zu teuer?
3. Hast du Vorlieben bei den restlichen Ländern?
4. Wie gut lassen sich mehrere davon verbinden?
5. Wie erreichbar sind diese Länder-Verbunde?

2. AUF ZWEI BEISPIELROUTEN UM DIE WELT

Als Orientierung für deine Planung habe ich dir im Folgenden zwei Beispielrouten für eine einjährige Weltreise zusammengestellt. Eine hat als Schwerpunkt den Kontinent Asien und arbeitet mit One-Way-Flügen. Die zweite geht hauptsächlich durch Amerika und nutzt Gabelflüge. Beide Beispielrouten findest du auch auf der entsprechenden Weltkarte im Bildteil.

Die erste Route (Winter) startet im Januar und nutzt Billigflieger zwischen Europa und Bangkok sowie Europa und Kuba/Mexiko. Als

DEINE WELTREISE IN KARTEN

Wer auf eine Weltreise geht, muss einiges beachten. Die Weltkarten auf den folgenden Seiten sollen dir helfen, das Wichtige vom Unwichtigen zu unterscheiden. Auf einen Blick erfährst du alles über:

REISEKOSTEN .... S. 2/3

REISEZEITEN .... S. 4/5

SCHWIERIGKEITSGRAD .... S. 6/7

ÜBERLANDROUTEN .... S. 8/9

FLUGZONEN .... S. 10/11

FERNSTRECKEN .... S. 12/13

KULINARISCHE HIGHLIGHTS .... S. 14/15

BEISPIELROUTEN .... S. 16

Hinweis: Die Einfärbungen in den Karten stellen einen Querschnitt des jeweiligen Landes dar. Einzelne Regionen können davon abweichen. Zum Beispiel sind Alaska und viele nördliche Staaten der USA nicht ganzjährig zu bereisen und auch nicht kulinarisch abwechslungsreich.

REISEKOSTEN

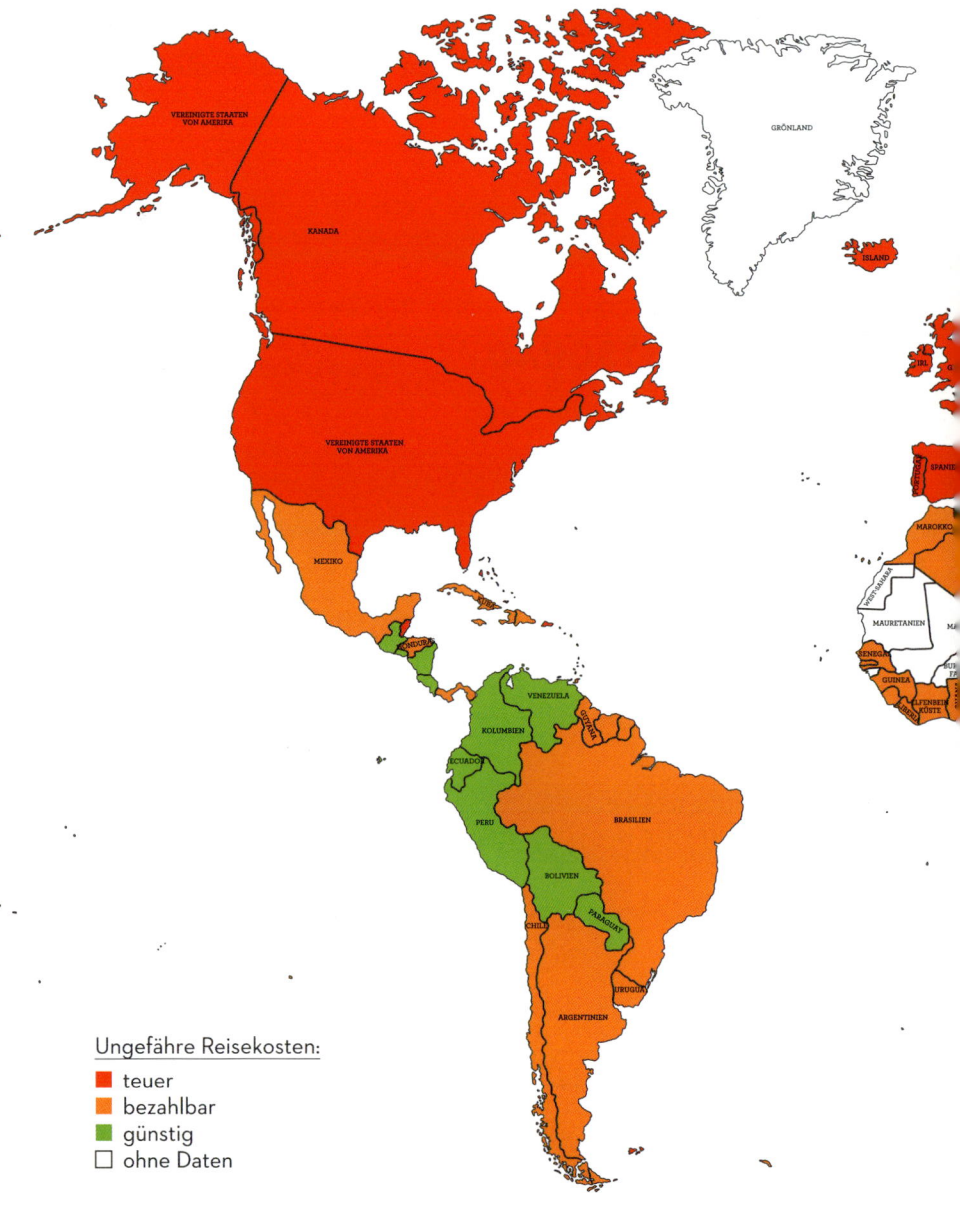

Ungefähre Reisekosten:

- 🟥 teuer
- 🟧 bezahlbar
- 🟩 günstig
- ☐ ohne Daten

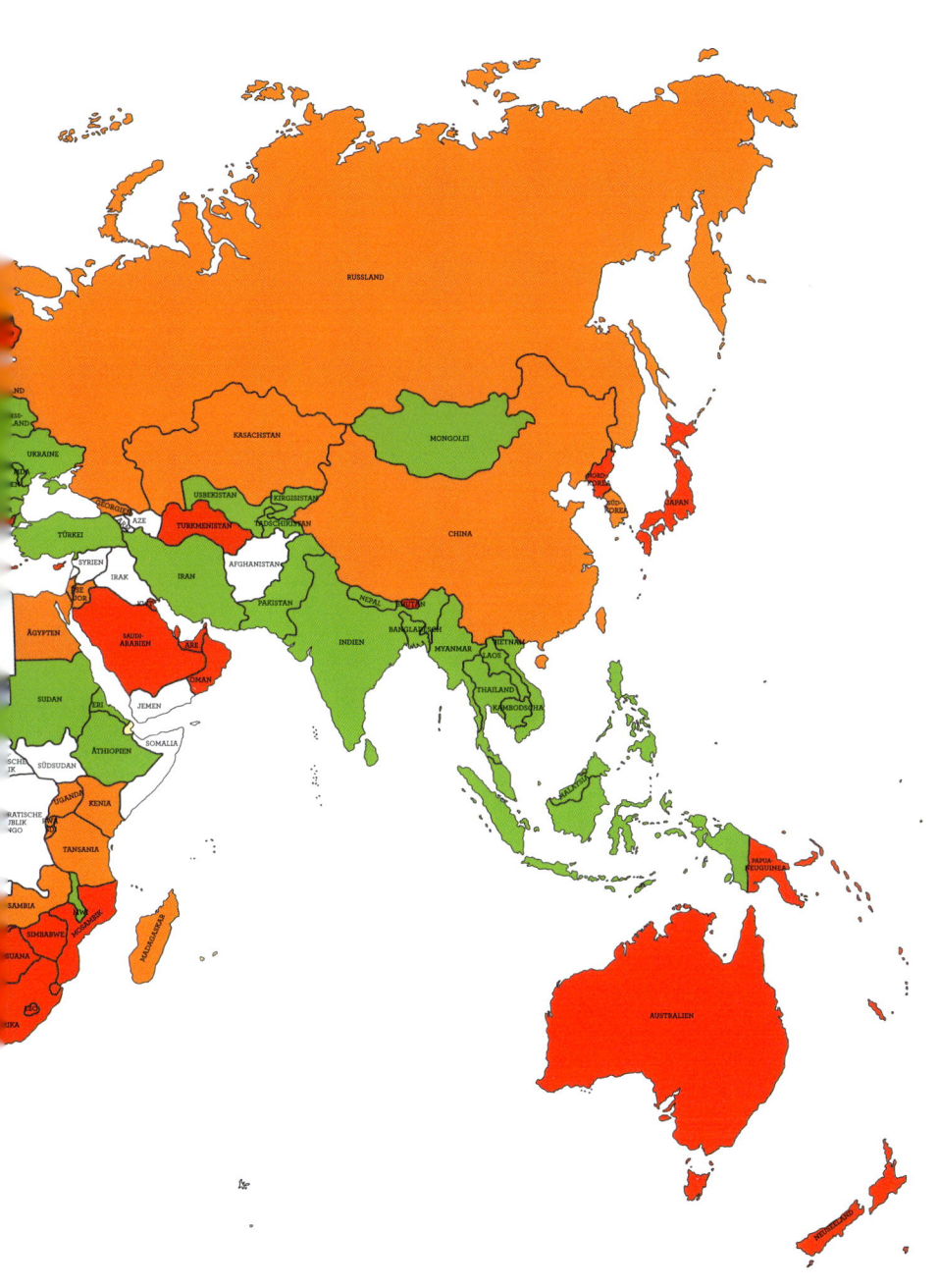

REISEZEITEN

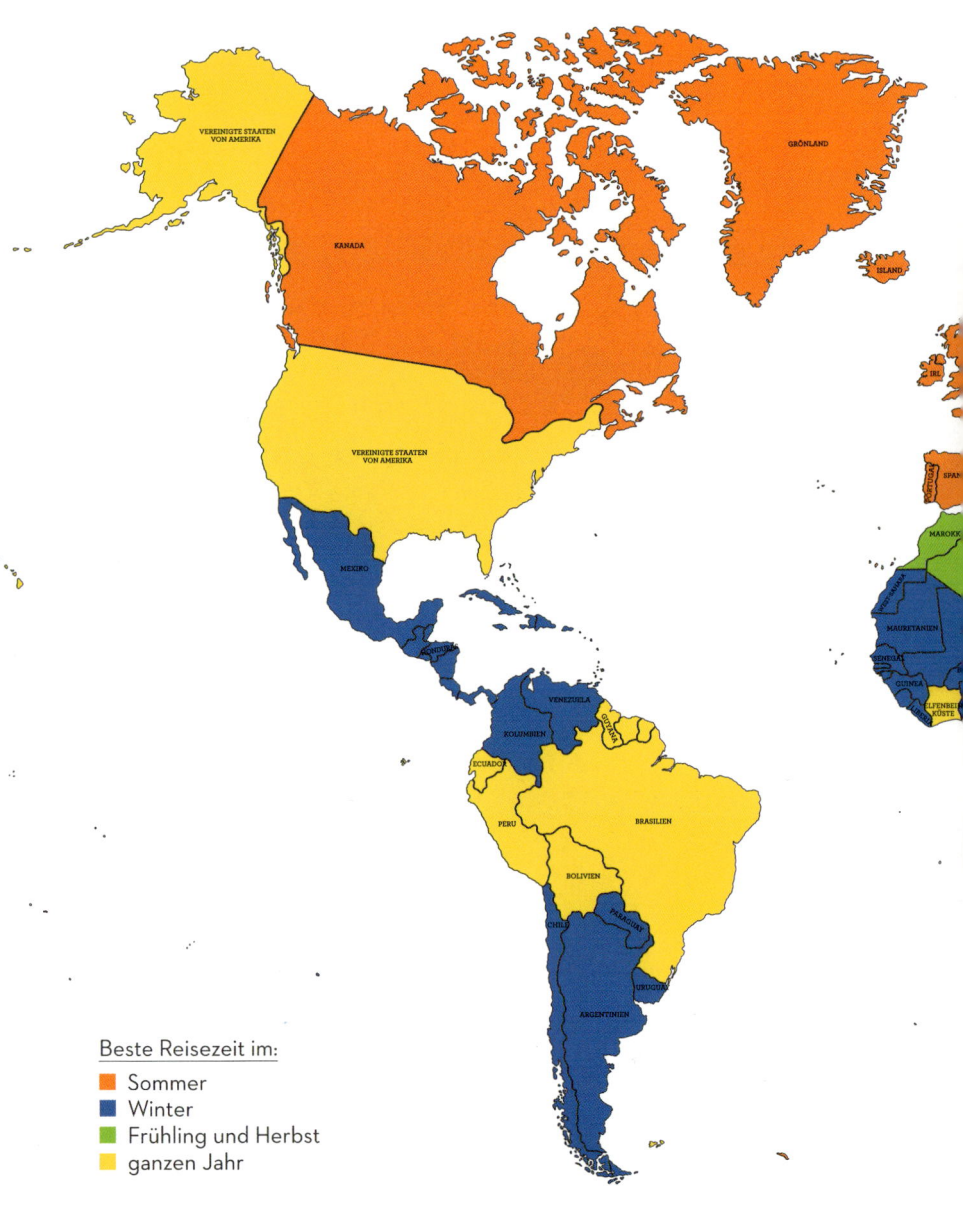

Beste Reisezeit im:

- Sommer
- Winter
- Frühling und Herbst
- ganzen Jahr

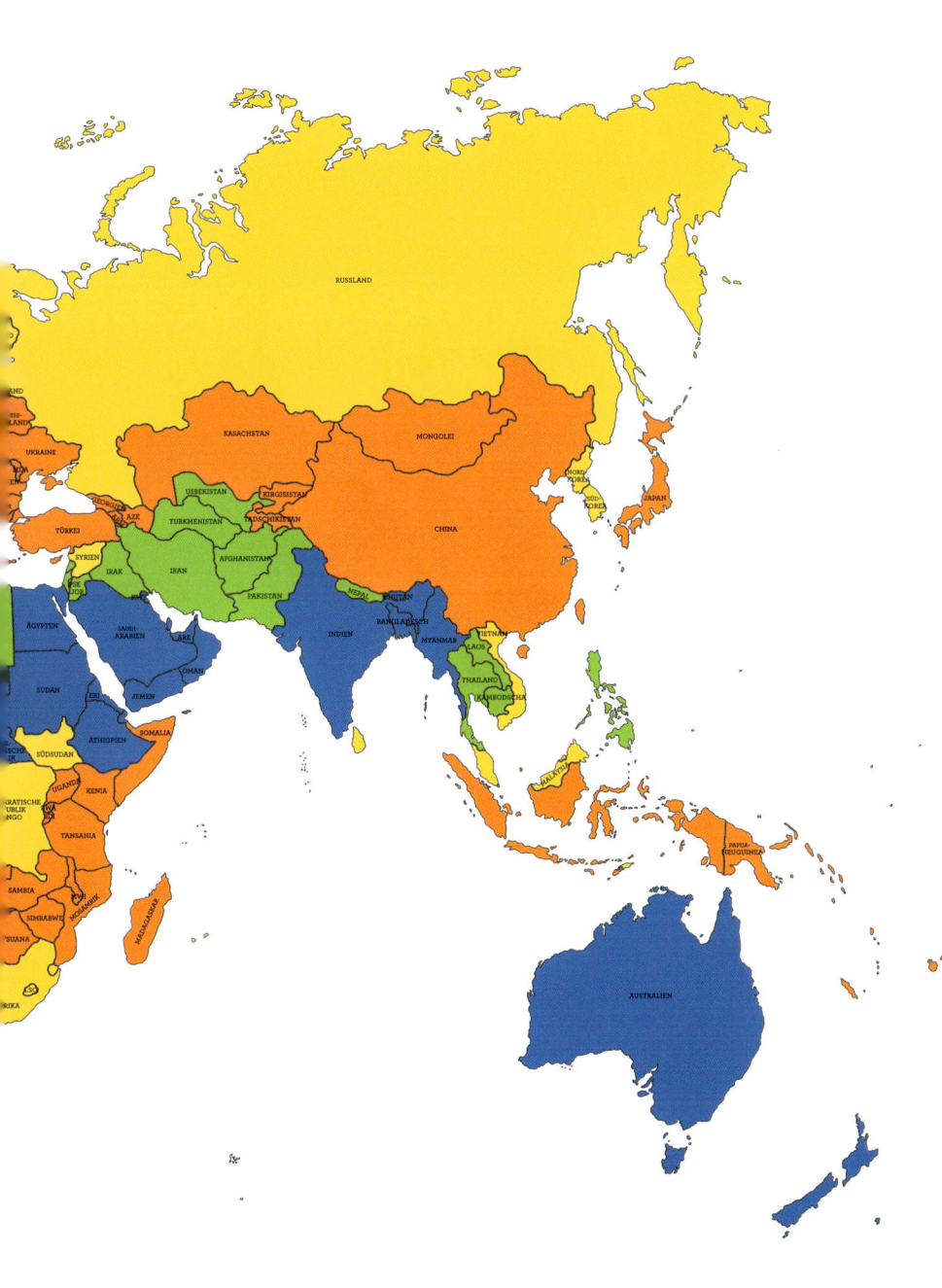

SCHWIERIGKEITSGRAD

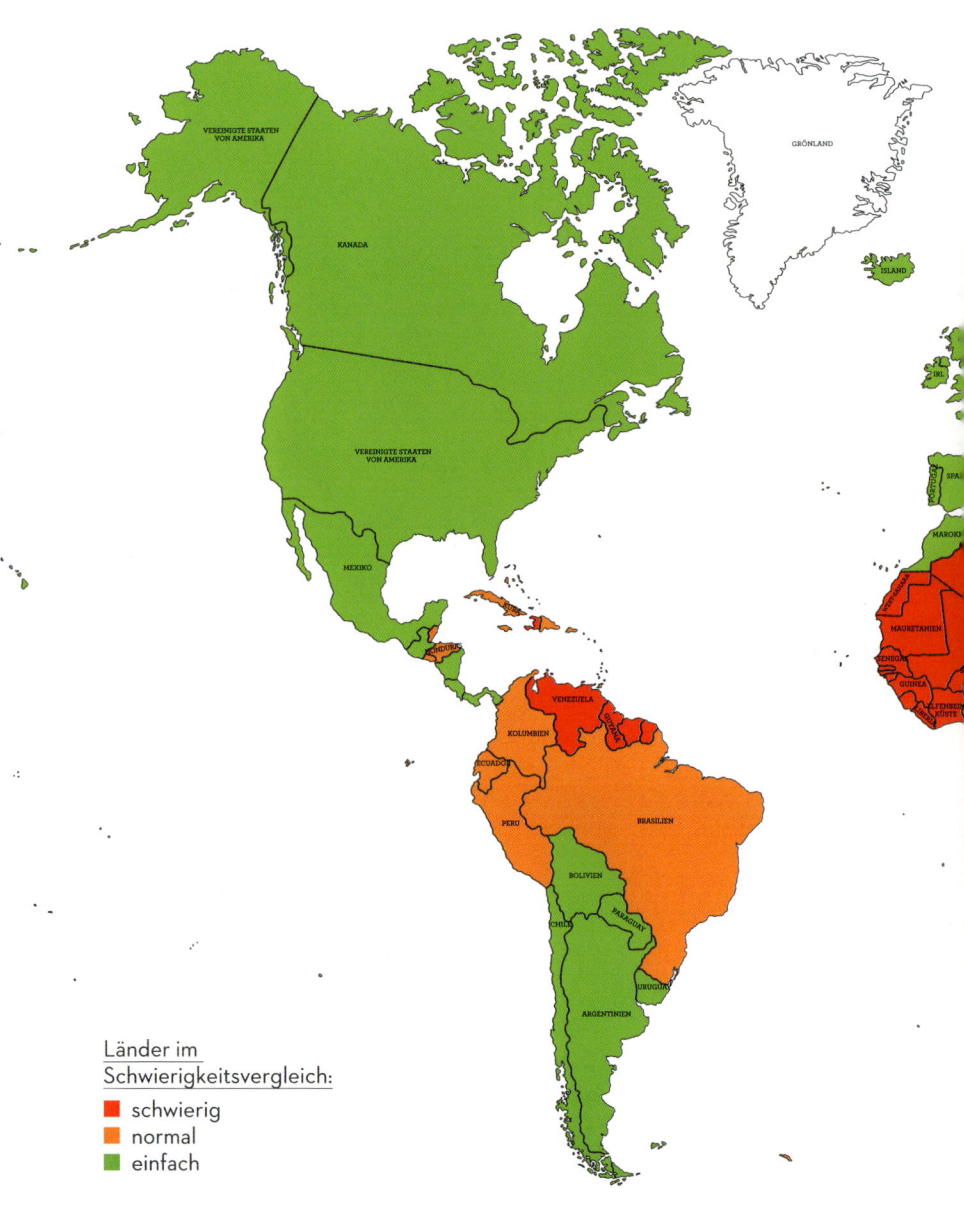

Länder im
Schwierigkeitsvergleich:
- ■ schwierig
- ■ normal
- ■ einfach

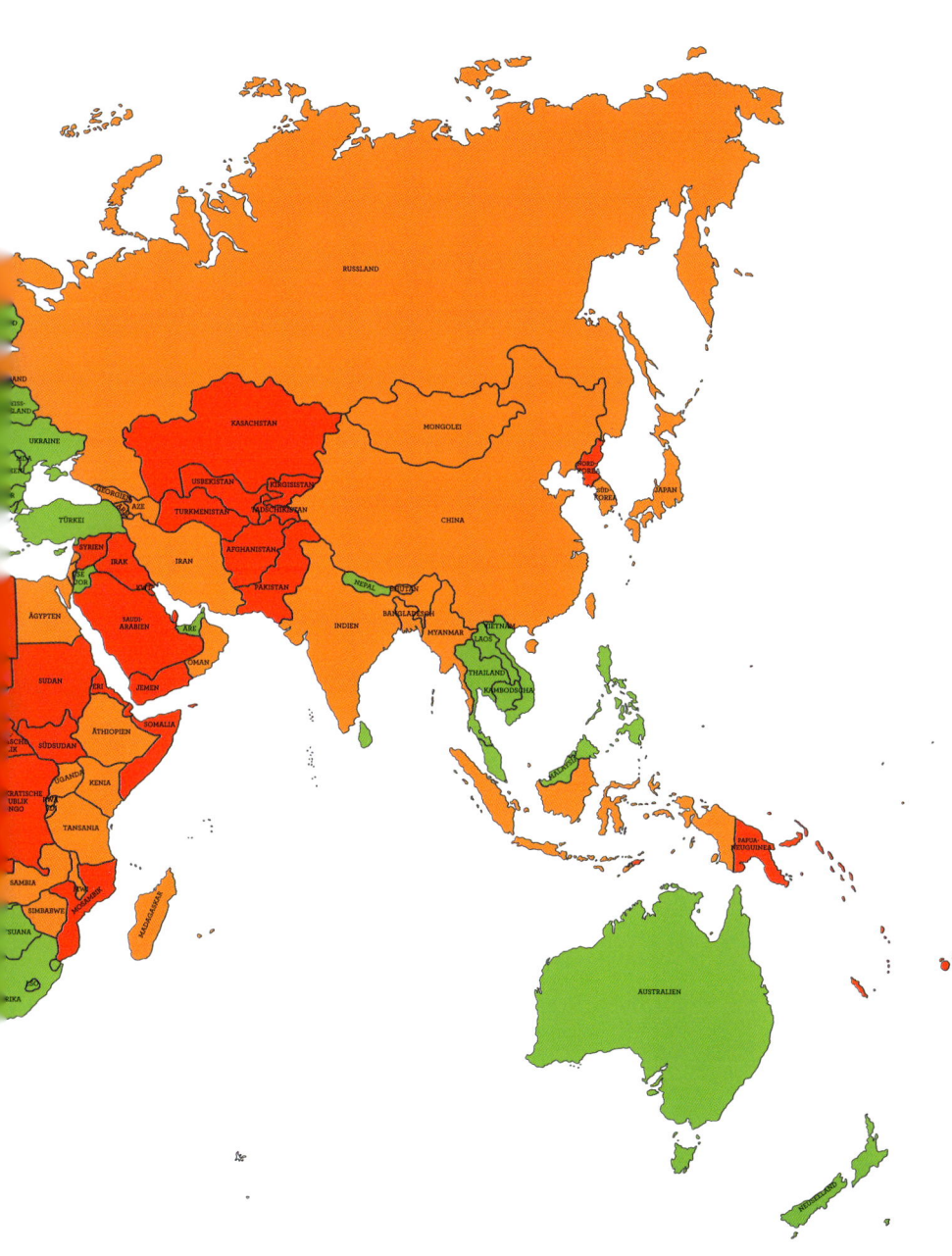

ÜBERLANDROUTEN

Beliebte Überlandrouten
für Backpacker:

— Hauptroute
● Hauptknoten
— Nebenroute
● Nebenknoten

FLUGZONEN

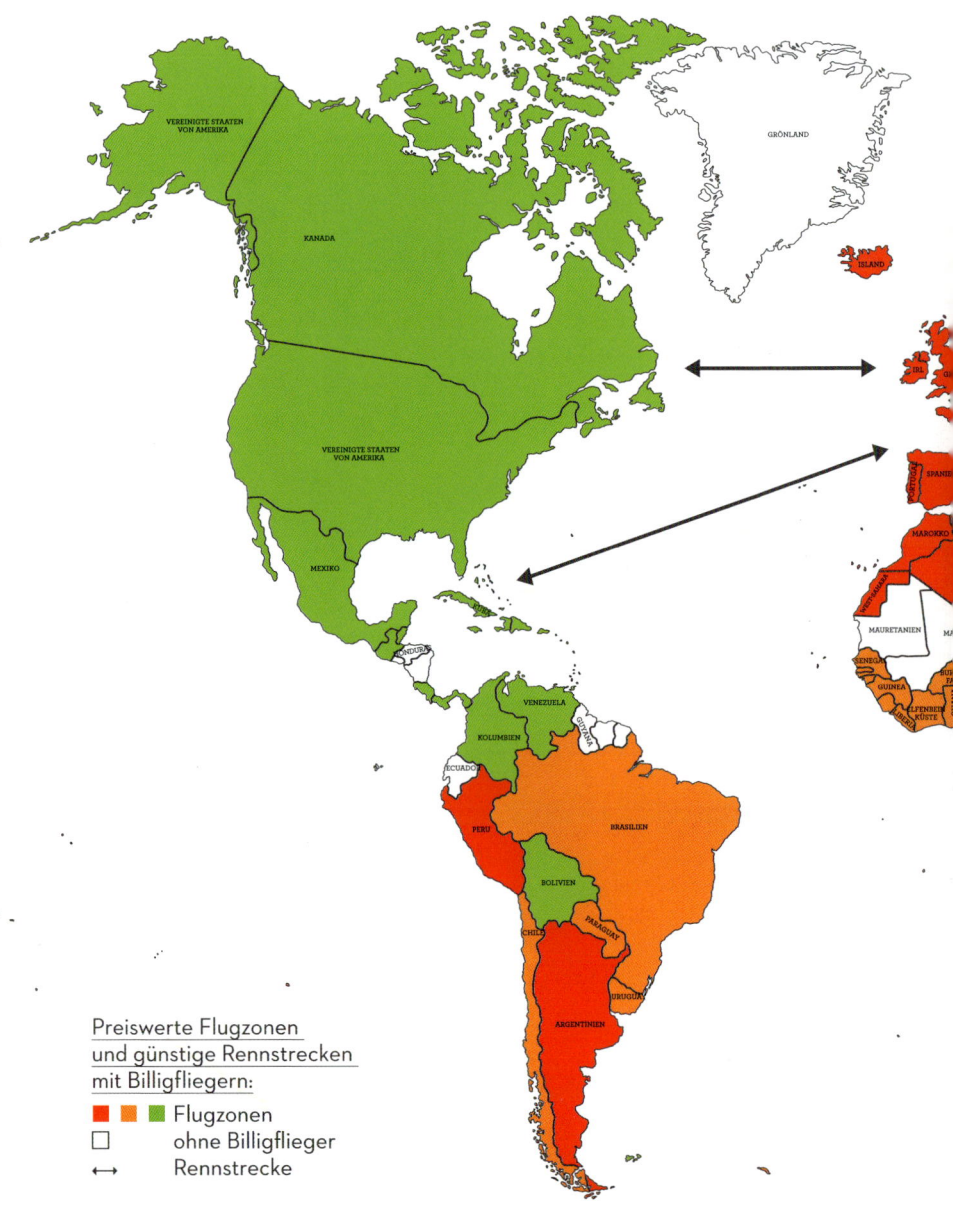

Preiswerte Flugzonen
und günstige Rennstrecken
mit Billigfliegern:

▮ ▮ ▮ Flugzonen
☐ ohne Billigflieger
↔ Rennstrecke

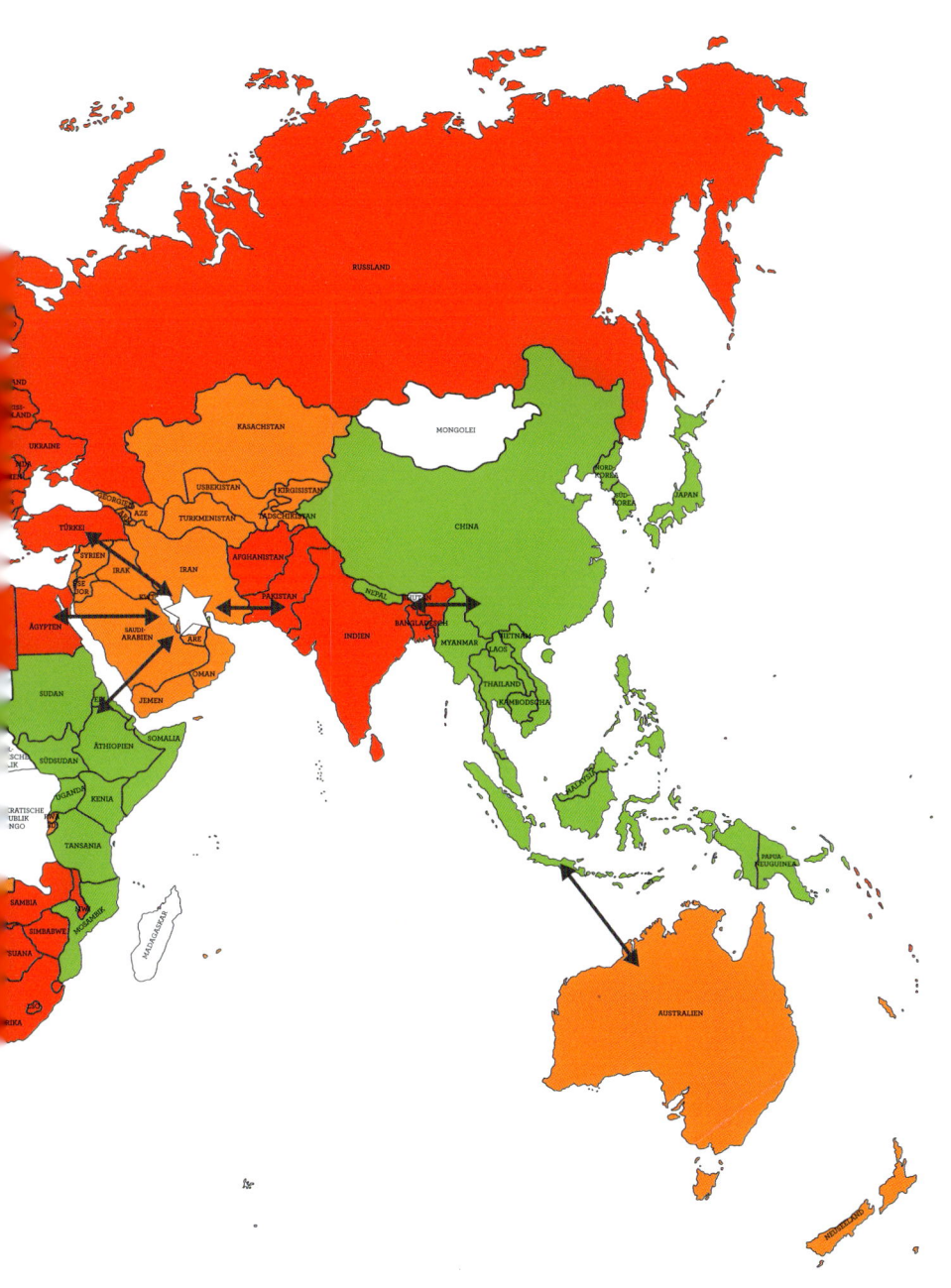

FERNSTRECKEN

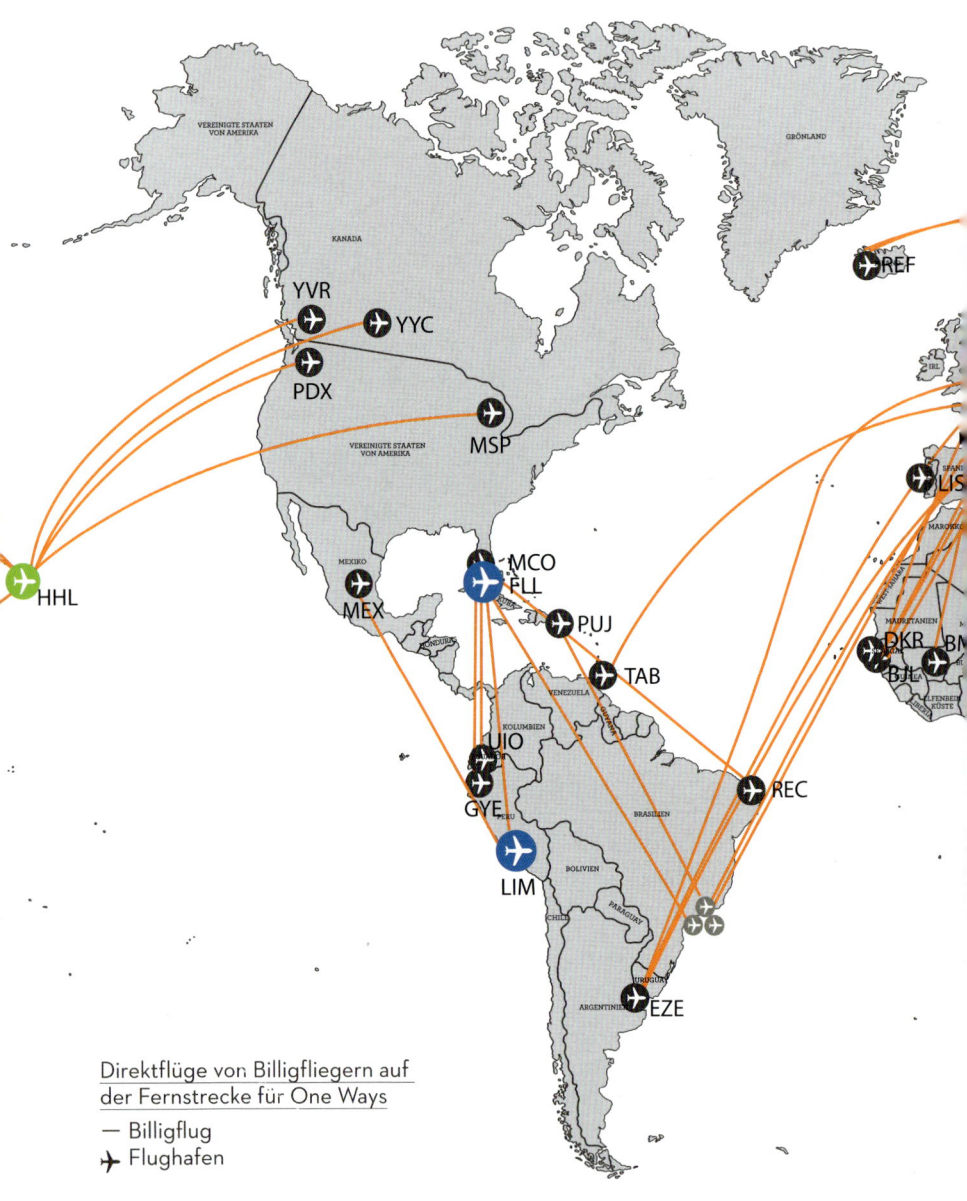

Direktflüge von Billigfliegern auf
der Fernstrecke für One Ways

— Billigflug
✈ Flughafen

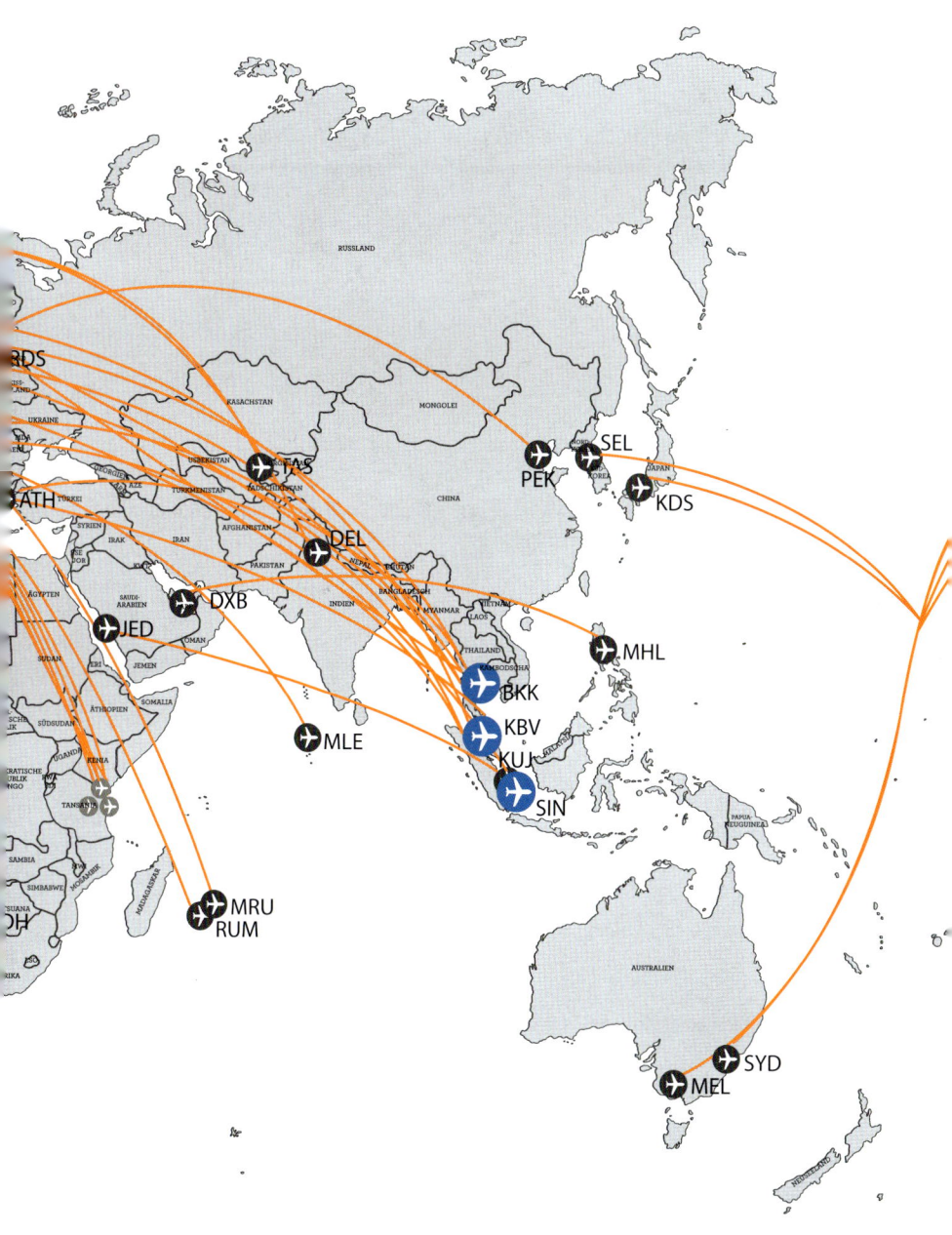

KULINARISCHE HIGHLIGHTS

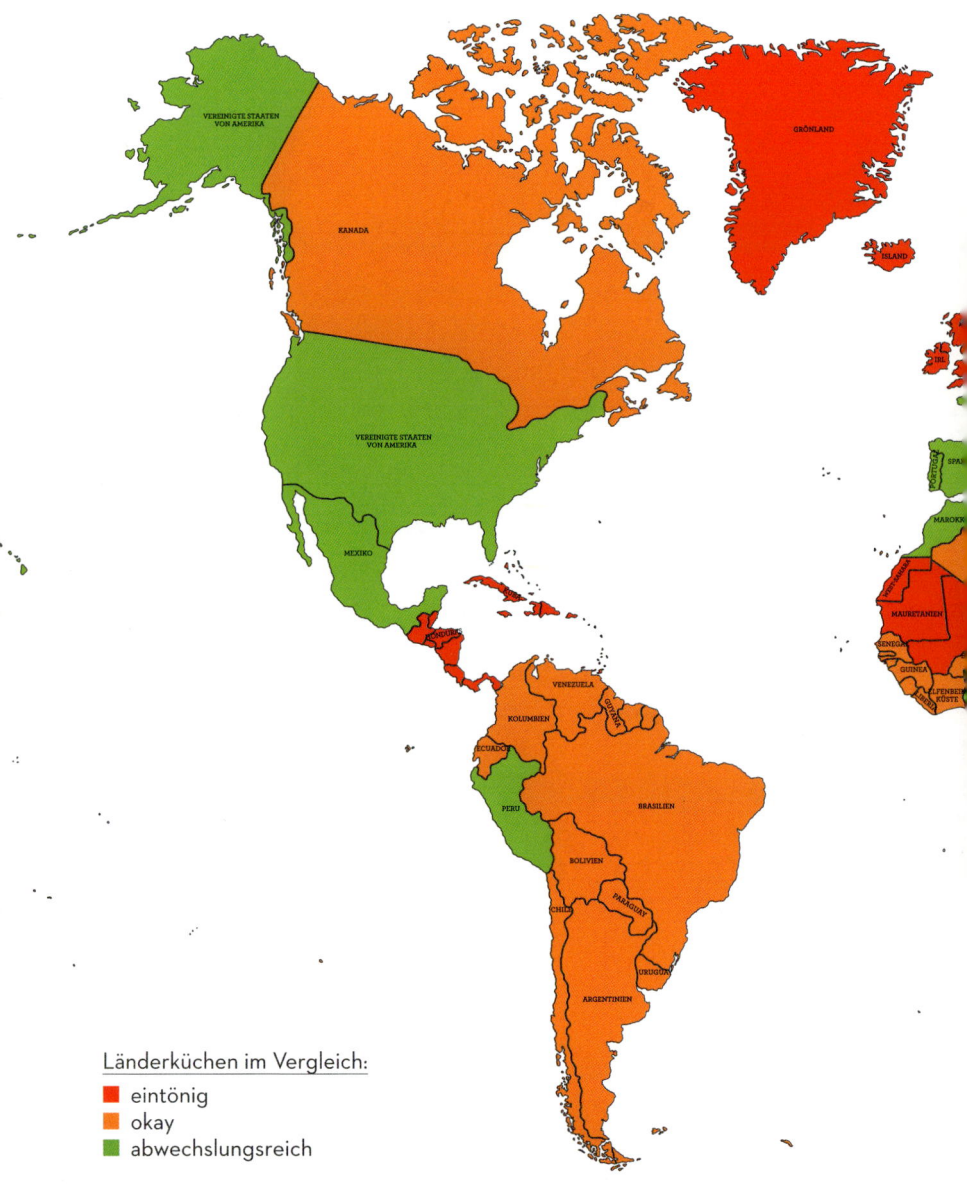

Länderküchen im Vergleich:

- eintönig
- okay
- abwechslungsreich

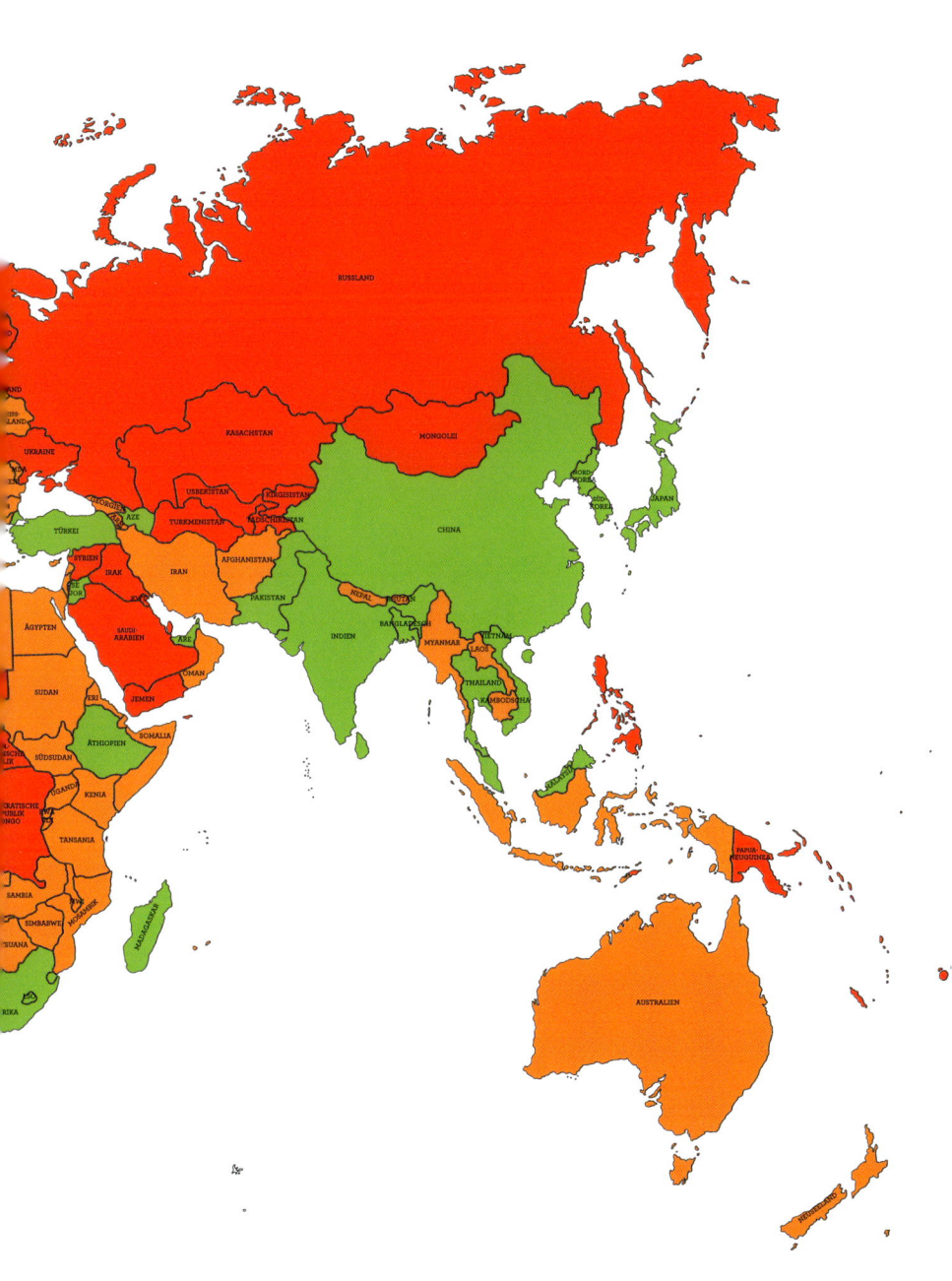

BEISPIELROUTEN

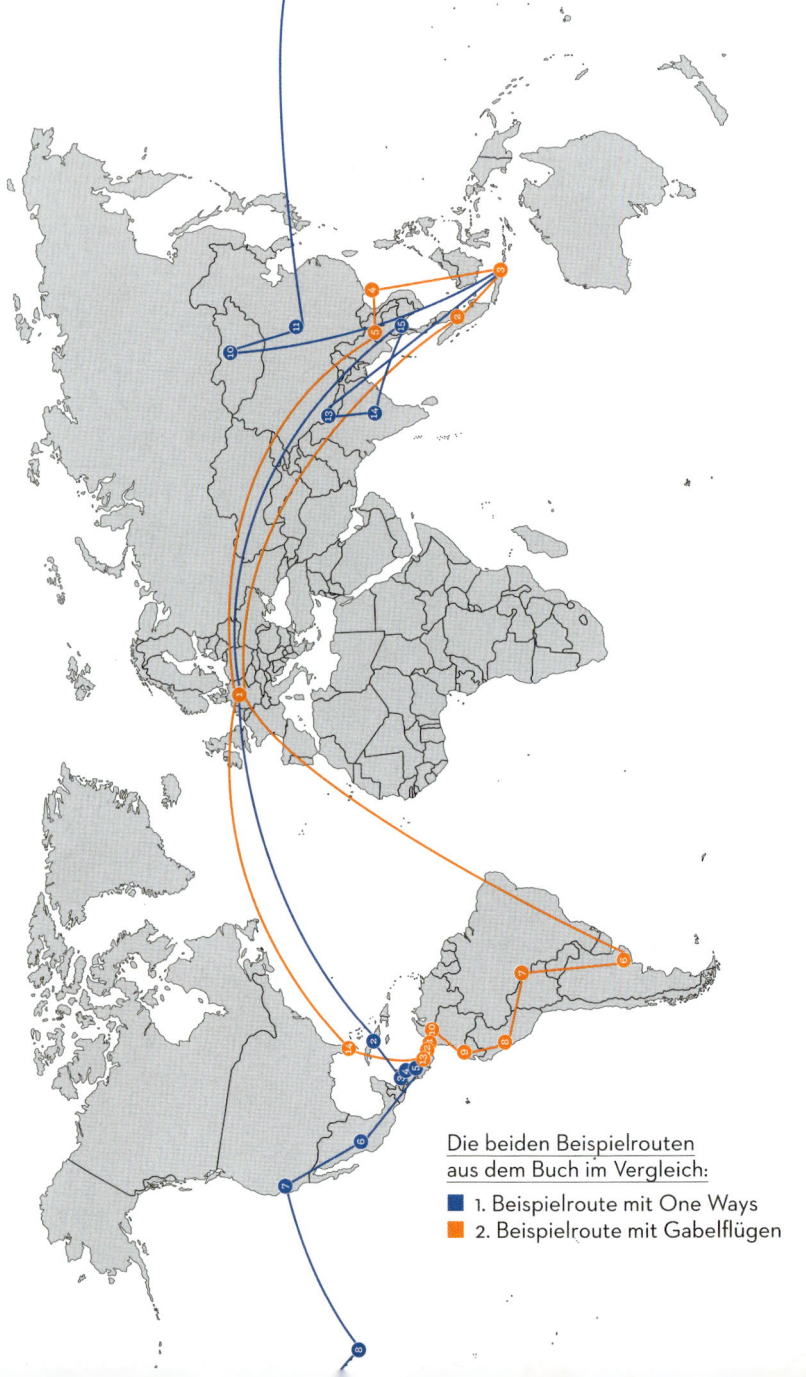

Die beiden Beispielrouten
aus dem Buch im Vergleich:

■ 1. Beispielroute mit One Ways
■ 2. Beispielroute mit Gabelflügen

Verbindung kommen Billigflieger zwischen Japan/Südkorea und Hawaii sowie Hawaii und Kalifornien zum Einsatz. Die Fernstreckenflüge kosten zusammen rund 1000 Euro. Diese Weltreise ist gleichzeitig eine Weltumrundung. Das ist aber nicht nötig, siehe die andere Beispielroute. Kuba, Mexiko, Belize und Guatemala sind Winterreiseziele. Bis auf Guatemala sind das aber keine günstigen, sondern mittelteure Länder. Das wird später durch günstige Länder ausgeglichen. Kalifornien und Hawaii sind ganzjährige Reiseziele und sehr teuer. Deshalb ist der Aufenthalt dort recht kurz. Südkorea, die Mongolei und Nordchina sind dann Sommerreiseziele. Malaysia ist ganzjährig zu bereisen und Nepal am besten in der Übergangszeit. Zum Abschluss folgen die Winterreiseziele Indien und Thailand. Die letzten vier Länder sind alle günstig. Insgesamt sind es sechs günstige Länder, fünf mittelteure Länder und ein teures Land.

Die zweite Route (Sommer) startet im Juli mit Schwerpunkt Amerika und der Flugstrategie Gabelflug. Der Hinflug des ersten Gabelflugs geht nach Kuala Lumpur oder Singapur. Der Rückflug startet von Chengdu oder Kunming mit einer beliebig langen Pause in Deutschland, Österreich oder der Schweiz. Der zweite Gabelflug geht nach Buenos Aires mit einem Rückflug ab Miami oder alternativ New York. Die beiden Gabelflüge kosten zusammen rund 900 Euro.

Malaysia, Indonesien und Südchina sind Sommerreiseziele. Der folgende Gabelflug ist zeitlich so gelegt, dass Argentinien zum Winterbeginn erwischt wird. Bolivien, Peru und Ecuador kannst du das ganze Jahr über bereisen, auch im Winter. Die meisten der Länder bisher waren günstig, sodass einige mittelteure folgen können. Kolumbien, Panama, Costa Rica und Nicaragua sind Winterreiseziele. Das passt am Ende nicht perfekt von der Reisezeit, weil wir dann schon im Mai sind. Für den Abschluss in Florida ist der Juni in Ordnung. Aus den zwei Beispielrouten kannst du schnell vier machen. Alle Weltreise-Routen für ein Jahr sind nämlich symmetrisch. Start ist dann immer noch in der gleichen Jahreszeit, aber die Reihenfolge ist genau umgekehrt.

Beispielrouten

Monat	Route 1	Reisezeit	Route 2	Reisezeit
Januar	D/A/CH-Kuba	Winter		
Februar	Yucatán	Winter		
März	Belize-Guatemala	Winter		
April	Mexiko	Winter		
Mai	Kalifornien-Hawaii	Sommer		
Juni	Südkorea	Sommer		
Juli	Mongolei	Sommer	D/A/CH-Malaysia	Immer
August	Nordchina	Sommer	Singapur-Indonesien	Sommer
September	Malaysia-Singapur	Immer	Hongkong-Südchina	Sommer
Oktober	Nepal	Übergang	D/A/CH-Argentinien	Winter
November	Indien	Winter	Bolivien	Immer
Dezember	Thailand-D/A/CH	Winter	Peru	Immer
Januar			Ecuador	Immer
Februar			Kolumbien	Winter
März			Panama	Winter
April			Costa Rica	Winter
Mai			Nicaragua	Winter
Juni			Miami-D/A/CH	Sommer

D/A/CH = Deutschland, Österreich, Schweiz

3. SCHÄTZE DEIN REISEBUDGET AB

Rechne für ein Jahr Weltreise etwa mit folgenden Fixkosten:

* **1200 €** Interkontinentalflüge (Beispielrouten plus Puffer),
* **468 €** Auslandskrankenversicherung (STA U40 ohne SB),
* **400 €** Kurzstreckenflüge.
* Zu diesen 2068 Euro Fixkosten kommen noch die Tageskosten auf der Reise. Die hängen stark vom Reiseziel ab.
* Die beiden Beispielrouten haben jeweils einen Mix aus einem Monat in einem teuren Land, fünf Monaten in bezahlbaren Ländern und sechs Monaten in günstigen Ländern. Ganz grob berechnen sich die Tageskosten so:
* **3600 €** = 6 Monate x 20 €/Tag (grün in der Weltkarte),
* **3750 €** = 5 Monate x 25 €/Tag (orange in der Weltkarte),
* **1500 €** = 1 Monat x 50 €/Tag (rot in der Weltkarte).
* Insgesamt kommst du etwa auf 8850 Euro Tageskosten. Das sind Durchschnittswerte. An manchen Tagen wirst du mehr ausgeben, an anderen weniger. Ein günstiges Reiseziel in Südostasien kostet eher 15 Euro pro Tag, ein günstiges Reiseziel in Südamerika eher 22 Euro pro Tag. Bei besonders teuren Reisezielen wirst du couchsurfen müssen, um auf 50 Euro pro Tag zu kommen.
* Du hast also Gesamtkosten von etwa:
* **2068 €** Fixkosten,
* **8850 €** Tageskosten.

Das sind insgesamt 10.918 Euro, also 29,91 Euro pro Tag.
Die Tageskosten sind nur grob auf die nächste Fünferstelle gerundet. Tatsächlich hast du etwas mehr Puffer. Der Durchschnittswert für günstige Länder sollte eher bei rund 18 Euro liegen. Wenn du Länder in Südasien besuchst, ist der Schnitt sogar noch niedriger.

Wenn du teure Länder länger besuchen willst, musst du mit günstigen Ländern ausgleichen. Das wird aber schwierig, weil du in einem teuren Land rund dreimal so viel pro Tag ausgibst. Die zweite Möglichkeit besteht darin, die Kosten in teuren Ländern zu senken, zum Beispiel durch schon erwähnte Möglichkeiten wie Couchsurfen.

Aufpassen musst du auch, wenn du mehr fliegen willst oder eine besonders teure Tour oder Safari planst. Entweder gleichst du das an anderer Stelle aus, oder es bleibt dir nichts anderes übrig, als insgesamt mehr Budget einzuplanen.

Wenn du dich wirklich an alle Tipps in diesem Buch hältst, wirst du weniger als 30 Euro pro Tag ausgeben. Ich habe bei meiner Weltreise nur 25 Euro pro Tag benötigt. Nach sieben Jahren Langzeitreise bin ich sogar bei unter 23 Euro Tageskosten angekommen. Meine genauen Zahlen findest du im nächsten Kapitel. Echte gemessene Zahlen sind aussagekräftiger als eine grobe Hochrechnung, aber nicht verallgemeinerbar. Dafür unterscheiden sich die Reisestile zu stark. Du wirst ganz sicher anders reisen als ich und auch anderswohin reisen als ich. Lass dich nicht zu sehr von den Zahlen hypnotisieren. Wichtig ist zu wissen, dass du nicht reich sein musst, wenn du eine Weltreise machen willst.

SCHÄTZE DEIN REISEBUDGET

Rechne mit etwa 2000 Euro Fixkosten. Dazu kommen Tageskosten von rund:

- 20 €/Tag für günstige Länder,
- 25 €/Tag für mittelteure Länder,
- 50 €/Tag für teure Länder.

Wenn du maximal einen Monat in teuren Ländern verbringst und ansonsten einen guten Mix aus günstigen und mittelteuren Ländern hast, zahlst du insgesamt unter 30 Euro pro Tag.

4. BEISPIEL A: MEINE REISEKOSTEN FÜR EIN JAHR

9249 Euro kostete mein erstes Kalenderjahr auf Weltreise. Das sind 25,34 Euro pro Tag, alles inklusive. Meine Flugstrategie bestand ausschließlich aus One Ways. Ich wollte mich nicht festlegen, sondern so frei sein wie möglich.

Auf meiner Route habe ich sechzehn Länder auf vier Kontinenten besucht: Indien, Thailand, Laos, Kambodscha, Vietnam, China, USA, Mexiko, Guatemala, Belize, Spanien, Deutschland, Ecuador, Peru, Bolivien, Chile. Fünf Länder habe ich aber nur per Durchreise besucht, das waren Guatemala, Belize, USA, Spanien und Deutschland.

Das war das erste Kalenderjahr, aber nicht das erste Jahr auf meiner Weltreise. Ich bin am Anfang mit der Transsib gestartet und im ersten halben Jahr bis zum Südzipfel von Indien über Land gereist. Nicht zu fliegen ist untypisch für eine Weltreise. Deshalb habe ich für eine aussagekräftige Aufstellung meine Kosten erst ab dem ersten Flug gezählt. Vor dem Fliegen war es natürlich noch günstiger. Ich habe in dem Jahr in mehr als Hundert verschiedenen Betten geschlafen. 162 Tage verbrachte ich in Hostels, 71 Tage in Gästehäusern und 19 Tage in Hotels. Zu den bezahlten Übernachtungen kommen drei Wochen in Nachtbussen, Nachtzügen und Flugzeugen und sechs Wochen Couchsurfing in den teuren Ländern USA, Mexiko, Chile und Deutschland. Ich bin solo gereist, aber weniger als die halbe Zeit allein gewesen. Ob geteiltes Doppelzimmer oder Hostel-Bett, macht beim Preis keinen großen Unterschied.

Um voranzukommen, habe ich 71 Busse von innen gesehen, meist Fernbusse und zu einem Viertel Nachtbusse. Demgegenüber stehen zehn Bahnfahrten, neun Fährübersetzungen und drei Mitfahrgelegenheiten. Kurzstrecke bin ich viermal geflogen und Langstrecke dreimal.

Zu den Aktivitäten gehören ein vierwöchiger Sprachkurs in La Paz. Außerdem habe ich mehrere Touren gemacht, zum Beispiel drei Tage Dschungel, drei Tage Salar Uyuni, Uxmal und Ruta Maya, Isla de la Plata, Death Road Mountainbike und Cerro-Rico-Bergwerk. Ich reise lieber individuell, aber manchmal machen Touren Sinn.

Bei den Aktivitäten sind außerdem Eintrittsgelder enthalten: Angkor Wat, Tiger Leaping Gorge, Chichén Itzá, Tikal, Santa Cruz Trek, Machu Picchu, Moonspell-Konzert in La Paz, Temper-Trap-Konzert in Hollywood und viele kleinere Summen für Wasserfälle, Nationalparks, Museen und so weiter.

9249 € Kosten für ein Jahr Weltreise verteilen sich so:

- 1991 €: Essen und Trinken außer Alkohol, Cappuccinos und Kuchen,
- 1192 €: Fliegen mit drei Langstreckenflügen und vier Kurzstreckenflügen,
- 1182 €: Übernachtungen für Hostel-Dorms und geteilte Doppelzimmer,
- 1122 €: Transport darunter 71 Busfahrten, zehn Bahnfahrten und neun Bootsfahrten,
- 870 €: Elektronik wie SIM-Karten, Kamera-Objektiv und fünf eBook Reader,
- 647 €: Aktivitäten, Eintritte, Touren und Kurse,
- 468 €: Auslandskrankenversicherung von STA,
- 430 €: Kleidung, 2x neue Schuhe, neue Brille, Regenschirm usw.,
- 370 €: Alkohol, vor allem Bier,
- 339 €: Visa und neuer Reisepass mit doppelter Seitenzahl,
- 332 €: Sonstiges wie Wäsche waschen, Friseur, Sonnencreme, Toilettenartikel und ein Diebstahl,
- 170 €: Kaffeeklatsch, vor allem Cappuccinos und Kuchen,
- 138 €: Nahverkehr wie Collectivo, Stadtbus, Taxi, Tuk-Tuk, Metro, Motorradmiete.

5. BEISPIEL B: MEINE REISEKOSTEN FÜR SIEBEN JAHRE

Meine erste Weltreise war nur der Auftakt zu mehr als sieben Jahren Langzeitreise. Wenn du glaubst, 25 Euro pro Tag sind auf Dauer nicht drin, hast du recht. Meine Kosten sind aber nicht gestiegen, sondern gefallen.

Sieben Jahre Langzeitreise kosteten mich im Schnitt 8212 Euro im Jahr. Das sind im Schnitt 22,50 Euro pro Tag, alles inklusive. Da ist das erste Kalenderjahr mit eingerechnet, das mit 9249 Euro das teuerste war. Natürlich liegen die gesunkenen Kosten auch daran, dass ich immer langsamer und immer weniger als Tourist unterwegs war. Um das zu sehen, was ich im ersten Jahr gesehen habe, hätte ich später zwei oder drei Jahre gebraucht.

Das ließ sich nicht vermeiden. Ich musste schließlich Geld verdienen. Für Reisende sind Kulturschocks eine tolle Sache. Aber als digitaler Nomade möchtest du möglichst wenig Überraschungen erleben, damit du produktiv sein kannst.

Ich will dir nicht einreden, so lange zu reisen. Nach sieben Jahren ist es sehr schwer, wieder sesshaft zu werden. Diese Zahlen sollen dir zeigen, dass Langzeitreisen als digitaler Nomade sogar noch günstiger sein kann als eine Weltreise.

Außerdem will ich nicht, dass du glaubst, günstig zu reisen wäre ein großer Verzicht. Wenn das so wäre, hätte ich es nicht sieben Jahre und länger gemacht. Ich bin mit 22,50 Euro pro Tag relativ günstig unterwegs. Wenn du verzichten kannst, geht es aber noch deutlich günstiger, allerdings natürlich auch teurer.

Ich bin auch in den sieben Jahren meist bei der Flugstrategie One Ways geblieben. Das wurde im Laufe der Zeit sogar immer einfacher durch immer neue Billigflieger. Ich bin aber in den Jahren auch einige Round Trips geflogen, wenn sich ein Zeitraum gut abschätzen ließ oder es einen super günstigen Error Fare gab. Letzten Sommer haben wir zum Beispiel knapp 300 Euro pro Person für einen Flug nach San Francisco und zurück bezahlt. Das ist fast so günstig wie ein One Way und lohnt sich eigentlich sogar dann, wenn du den Rückflug verpassen solltest.

57.487 Euro Kosten für sieben Jahre Langzeitreise verteilen sich so:

- 1974 €/Jahr: Essen und Trinken außer Alkohol, Cappuccinos und Kuchen,
- 1092 €/Jahr: Fliegen mit 19 Langstreckenflügen und 46 Kurzstreckenflügen,
- 1058 €/Jahr: Übernachtungen für geteilte Doppelzimmer und Wohnungen,
- 900 €/Jahr: Transport, darunter 246 Busfahrten, 85 Bahnfahrten und 20 Bootsfahrten,
- 695 €/Jahr: Elektronik wie SIM-Karten, Kameras und Zubehör, Laptops und 13 eBook Reader,
- 525 €/Jahr: Alkohol, vor allem Bier,
- 468 €/Jahr: Auslandskrankenversicherung,
- 425 €/Jahr: Aktivitäten, Eintritte, Touren und Kurse,
- 270 €/Jahr: Kaffeeklatsch, vor allem Cappuccinos und Kuchen,
- 234 €/Jahr: Kleidung, Schuhe, Brillen, Rucksack, Regenschirm usw.,
- 210 €/Jahr: Visa und neuer Reisepass,
- 209 €/Jahr: Nahverkehr wie Stadtbus, Metro, Collectivo, Taxi, Motorrad-/Automiete,
- 159 €/Jahr: Sonstiges wie Wäsche waschen, Friseur, Sonnencreme, Toilettenartikel ...

Die Langzeitreise-Kosten sind pro Jahr angegeben zum besseren Vergleich mit den Weltreise-Kosten für ein Jahr im vorherigen Kapitel.

V.

SPARE KOSTEN BEIM REISEN

*D*er Großteil an Spartipps läuft auf das gleiche Prinzip hinaus. Entweder du gibst Geld aus oder Zeit. Je schneller du reist, desto teurer wird es. Zeit ist eine Währung wie Euro oder Dollar. Das gilt für die Wahl der Transportmittel genauso wie für die Anzahl der Ortswechsel. Wenn du langsamer reist, hast du außerdem mehr davon.

Ein weiterer Tipp für fast alles im Leben ist: zählen. Alles, was wir messen, versuchen wir automatisch über unseren Spieltrieb zu verbessern. Schreibe deine Ausgaben auf, um günstig zu reisen. Übertreibe es aber nicht. Zähle deine Euro, nicht deine Cent.

Wenn du sparen willst, schau dir zuerst die großen Ausgaben an. Je mehr du für etwas ausgibst, desto mehr Sparpotenzial hast du. Essen und Trinken wird wahrscheinlich dein größter Posten sein. Das ging mir zumindest auf meiner Weltreise so, obwohl ich meist lokal esse. Ebenfalls hohe Kosten verursachten bei mir Flüge, Übernachtungen und der Überlandtransport. Die Schlusslichter bei den großen Posten bilden Ersatzteile und Aktivitäten.

Wie du günstige Flüge findest, weißt du inzwischen schon. Erfahre in diesem Kapitel, wie du bei den anderen Großausgaben den Geldbeutel schonst. Sparpotenzial gibt es vor allem bei den Unterkünften und den Transportmitteln an Land. Aber auch zu leckerem lokalem Essen und Touren findest du Spartipps. Bei Ersatzteilen für kaputte Elektronik würde ich nicht sparen. Das Zeug ist dafür da, um benutzt zu werden, und wenn es kaputt geht, ersetzt du es eben, so gut es geht. Am Ende des Kapitels findest du noch weitere Spartipps. Die musst du aber wirklich nicht alle beachten. Eine gesunde Einstellung zum Geldausgeben schadet auf Reisen nicht. Kosten sparen ist kein Selbstzweck und kein Wettbewerb. Es ist schön, ein Schnäppchen zu machen. Sobald die Sparsamkeit aber auf Kosten deiner positiven Reiseerfahrung geht, zahlst du drauf.

> »Reisen ist die einzige Möglichkeit, Geld auszugeben und dennoch reicher zu werden.«
>
> Unbekannt

Wann genau dieser Punkt erreicht ist, ist natürlich individuell verschieden. Jeder hat andere Interessen, auch die Anforderungen an den Komfort unterscheiden sich. Wenn es dir Spaß macht zu feilschen: Mach es! Wenn du in Nachtbussen nicht schlafen kannst und das deine Reise kaputt macht, dann nimm den Zug oder das Flugzeug.

1. SCHONE DIE REISEKASSE BEIM ÜBERNACHTEN

Beim Übernachten gibt es wie beim Fliegen ein großes Sparpotenzial, aber mit einem Unterschied. Auf schlau gebuchten Flügen musst du auf nichts verzichten. Du sitzt im selben Flieger wie der Sitznachbar, der das Doppelte oder Dreifache bezahlt hat. Bei Übernachtungen ist das anders. Ein günstiges Bett ist meist ein Kompromiss zwischen Preis und Komfort.

Besonders offensichtlich ist das in tropischen Regionen. Wenn du dich mit einem Ventilator zufrieden gibst, sparst du ein Drittel bis zur Hälfte des Zimmerpreises. Das hat neben dem Preis noch einen weiteren Vorteil. Ohne Klimaanlage akklimatisierst du dich schneller an die Hitze und erträgst sie nach wenigen Tagen auch tagsüber besser. Schläfst du mit Klimaanlage, dauert die Anpassung Wochen.

Weniger zahlst du auch, wenn du außerhalb des Zentrums oder etwas entfernt vom Strand übernachtest, ein kleineres Zimmer nimmst oder auf Annehmlichkeiten wie einen Swimmingpool verzichtest. Such dir einen einfachen Bungalow zehn Laufminuten vom Strand im Palmenwald. Dort zahlst du zehn Prozent des Preises (oder weniger) für ein Zimmer im Hotel mit Pool und eigenem Strandzugang.

Überlege dir vor der Buchung, was du eigentlich willst. Wenn du sowieso nur zum Schlafen in deinem Zimmer bist, dann buche günstig. In Ländern mit gutem Preis-Leistungsverhältnis kannst du dir ruhig auch einmal eine bessere Unterkunft gönnen. Aber dann nutze sie auch zum Entspannen und nicht nur zum Schlafen.

Unterkünfte buchst du am besten mit Meta-Suchmaschinen. Dort kannst du übersichtlich die Preise auf verschiedenen Plattformen vergleichen – ohne zehn Tabs zu öffnen. Die besten Meta-Suchen für verschiedene Zwecke stehen in der Infobox.

Die günstigsten Unterkünfte kannst du nicht online buchen. Traditionelle Gästehäuser und Hotels für Einheimische haben das Internet verschlafen. Noch mehr gilt das für Homestays, also Übernachtungen direkt bei einer Familie in einem eigenem Gästezimmer. Ich musste in meinen ersten sechs Reisejahren nicht einmal online buchen. Stattdessen bin ich in das Backpacker-Viertel gegangen und habe nach einem Zimmer gefragt. Das ändert sich langsam, aber du kannst das vielerorts auch heute noch machen. So bekommst du eine günstige und authentische Übernachtung. Für die richtige Gegend oder einzelne Adressen schau auf *Wikivoyage*. In modernen Städten und in Industrieländern ist so eine Unterkunftssuche mit den Füßen leider nur noch selten zu empfehlen.

Mehrbettzimmer im Hostel sind für Einzelreisende am günstigsten. Du teilst dir einen Schlafsaal mit vier, sechs oder mehr Mitschläfern. Je nach Zusammensetzung kann das nerven, egal sein oder der Beginn einer neuen Freundschaft. Mehrbettzimmer gibt es nur in touristischen Orten. Eine möblierte Wohnung ist günstiger als ein Hotel. Sie ist preislich vergleichbar mit einem Gästehaus oder einem Hostel, bietet aber mehr Komfort. Du musst dich normalerweise für einen Monat verpflichten. Wochenweise zu mietende Wohnungen sind selten. An manchen Orten ist es sehr leicht, ein Monthly zu finden, an anderen unmöglich. *Airbnb* ist eine Alternative, aber viel teurer.

MIT DIESEN META-SUCHMASCHINEN FINDEST DU GÜNSTIGE UNTERKÜNFTE:

- Hotels und Airbnbs: *alltherooms.com*
- Hotels und Hostels: *hotelscombined.com, wegoreise.de*
- Nur Hostels: *hostelz.com*
- Airbnb-Alternativen: *tripping.com*
- Sonderangebote: *ratedrop.com*

2. ERTAUSCHE EINE GRATISUNTERKUNFT

Der beste Preis für ein Bett sind null Euro. Übernachtungskosten sparst du im Transit, zum Beispiel in Nachtbussen, in Schlafzügen und auf Langstreckenflügen Bei morgendlichen Flügen kann es sogar Sinn machen, vorher auf dem Flughafen zu übernachten. Für solche Gratisübernachtungen zahlst du eventuell mit schlechtem Schlaf. Ich mag Nachtbusse, aber meine Frau bringt dort kein Auge zu und ist tags darauf vollkommen durch den Wind. Oft gibt es Alternativen.

Besser schlafen kannst du mit Couchsurfing, Housesitting oder Workaway. Diese Übernachtungsmöglichkeiten kosten kein Geld, aber du zahlst mit deiner Zeit. Bei Couchsurfing solltest du deinem Gastgeber Aufmerksamkeit widmen, schließlich lässt er Gäste bei sich gratis übernachten, weil er den Kontakt zu Reisenden schätzt. Beim Housesitting passt du auf Haustiere von verreisten Besitzern auf. Beim Workaway arbeitest du für die Übernachtung. Ich habe schon mehrere Reisende getroffen, die beim Workaway ausgenutzt wurden. Ein reisendes Paar aus Kanada hat wochenlang in Sihanoukville in Kambodscha Sechsstundenschichten in einem Hostel abgerissen. Sie haben sich kaum noch gesehen. Dafür gab es drei warme Mahlzeiten, ein Bett im Schlafsaal und ein paar Freigetränke. Alles zusammen kostet das keine zehn Euro in Kambodscha. Vergleiche vorher, ob sich das lohnt. Informiere dich auch über die Gesetzeslage. In Thailand ist es verboten, mit einem Touristenvisum zu arbeiten, selbst ohne Entgelt.

Wenn ein Zimmer nur fünf Euro kostet, brauchst du eigentlich keinen Gedanken an Gratisübernachtungen zu verschwenden. In teuren Ländern können sich Übernachtungen als Tauschgeschäft und das Schlafen im Transit umso mehr lohnen. Etwa ein Drittel meiner Übernachtungen auf Weltreise sind kostenlos. Ich spare damit aber zwei Drittel der gesamten Übernachtungskosten. Das liegt daran, dass ich vor allem in Industrieländern gratis übernachte.

Apropos Industrieländer: Mit Couchsurfing, Housesitting und Workaway tauchst du dort tiefer in die Kultur ein. Du hast bei Ankunft gleich Kontaktpersonen vor Ort. So kratzt du nicht nur an der Oberfläche, sondern bekommst Einblick in den Alltag. *Airbnbs* oder Homestays können auch eine solche weiche Landung ermöglichen. Aber tolle *Airbnbs* von einfachen Menschen musst du unter den anonymen Massenvermietern schon gezielt suchen.

Es gibt noch mehr Möglichkeiten, günstig oder gratis zu übernachten, zum Beispiel gegen eine kleine Spende im Tempel. Eine weitere Möglichkeit ist Wohnungstausch oder Camping im eigenen Zelt. Auf Weltreise ist ein Zelt aber unpraktisch, und deine Wohnung hast du ja aus Spargründen gekündigt oder untervermietet. In einem Tempel habe ich nur einmal in Amritsar übernachtet, und das war großartig!

HIER FINDEST DU INFORMATIONEN ZUM KOSTENLOSEN ÜBERNACHTEN:

- gratis: *couchsurfing.com, sleepinginairports.net*

Workaway
- gratis: *grassrootsvolunteering.org, hippohelp.com,*
- 20 € pro zwei Jahre: *helpx.net*
- 34 € pro Jahr: *workaway.info*

Diese Webseiten vermitteln Plätze für Housesitting:
- 45 € pro Jahr: *housecarers.com*
- 65 € pro Jahr: *nomador.com*
- 89 € pro Jahr: *trustedhousesitters.com*

3. SPARE BEIM ESSEN UND TRINKEN

Die Küchen der Welt kennenzulernen ist ein hervorragender Grund zum Reisen. In Asien, Lateinamerika und Teilen von Afrika gibt es viele Spezialitäten zu entdecken. Das gilt auch dann, wenn du das Menü von deinem Chinesen, Äthiopier und Peruaner schon auswendig kennst. Denn die meisten exotischen Landesküchen werden in Europa für die dortigen Geschmäcker verwässert. In Indien findest du kein einziges *Chicken Madras* und in Thailand keine Erdnusssoße.

Essen ist auch der wichtigste Teil einer Kultur. Selbst wenn überall auf der Welt Bluejeans getragen werden und Popmusik gehört wird, beim Essen hört die Vereinheitlichung auf. Die große Mehrheit aller Menschen isst nicht oder nur ganz selten Pizza, Burger, Müsli, Cornflakes und anderes westliches Essen. Unvorstellbar? Dann finde heraus, was die Leute stattdessen mögen. Das Gericht am Nebentisch hast du noch nie gesehen? Probier es! Die Reisekasse wird durch lokales Essen ebenfalls geschont. Fast überall auf der Welt gehen die Menschen mehr essen als wir in Mitteleuropa. In vielen Ländern kostet eine warme Mahlzeit nur zwei bis drei Euro. Streetfood an den Straßenständen ist sogar noch günstiger. Am Essen solltest du also nicht sparen. Lokales Essen in lokalen Restaurants gibt das Reisebudget her – Touristenmenüs aber nicht.

Versteh mich nicht falsch. Auch Pizza, Burger und Spaghetti sind hin und wieder in Ordnung. Wenn du Heißhunger nach teurer westlicher Küche hast, quäle dich nicht unnötig. Aber sei nicht überrascht, wenn das nur für Touristen gekochte Essen nicht schmeckt oder unhygienisch ist.

Das soll auch kein Freischein dafür sein, nur noch Burger im Hostel zu essen. Du hast nur drei Mahlzeiten am Tag. Verschwende sie nicht.

> »Essen ist der beste Grund zu reisen.«
>
> MARK WIENS

Das fängt schon beim Frühstück an. Im Westen haben wir uns an spezielles Frühstücksessen gewöhnt, aber in anderen Ländern gibt es schon morgens Curry.

Und wo gibt es gutes Curry? Verlasse zum Essen das Touristenviertel. Geh dorthin, wo die Einheimischen essen. Suche den Straßenstand mit der Oma und nur einem Gericht. Oder schau in den gut besuchten Wellblechschuppen hinein. Dort gibt es garantiert besseres Essen als im Touristen-Restaurant. Überraschend lecker und authentisch ist auch das Essen in vielen Food Courts von Kaufhäusern. Die sollen Einheimische zur Shoppingrunde motivieren und sind entsprechend gut und günstig.

Selbst kochen wirst du auf einer Weltreise selten. Nur in westlichen Ländern wie den USA oder in Australien hast du dazu Gelegenheit. In einer asiatischen Stadt mit Garküchen wie Bangkok haben oft nicht einmal die Einheimischen eine Küche.

Als Vegetarier hast du es schwer auf Reisen und wirst mehr Geld ausgeben. Die meisten Landesküchen sind fleischlastig. Lerne, was »ohne Fleisch, Fisch und Huhn« oder »essen wie ein Mönch« in der Landessprache heißt. So kannst du vegetarische Gerichte am Straßenstand bestellen. Finde vegetarische und vegane Restaurants auf *happycow.net*.

IN DIESEN LÄNDERN KANNST DU KULINARISCHE HIGHLIGHTS ERLEBEN:

- Afrika: Äthiopien, Nigeria,
- Naher Osten: Libanon, Türkei,
- Lateinamerika: Mexiko, Peru,
- Ostasien: China, Japan,
- Südasien: Indien, Sri Lanka,
- Südostasien: Malaysia, Thailand.

Weitere kulinarische Empfehlungen findest du in der gleichnamigen Weltkarte im Bildteil.

4. REISE GÜNSTIG AUF DEM LANDWEG

Wenn du erst in einer Region angekommen bist, kannst du vor Ort mit Bus, Bahn und Boot viel Geld sparen. Überlandreisen sind auch die beste Möglichkeit, um mehr von deinem Reiseziel zu sehen. Du bekommst außerdem ein Gefühl für Distanzen und siehst den Alltag abseits der touristischen Hotspots.

Vor allem im Zug kommst du schnell in Kontakt mit Einheimischen. Probiere auch einmal den lokalen *chicken bus* für ein unvergessliches

Erlebnis. Diese meist sehr alten Busse werden so genannt, weil es gut sein kann, dass neben unglaublich vielen Menschen auch das ein oder andere Huhn transportiert wird.. In der arabischen Welt und in Indien wirst du am Ende der Fahrt vielleicht sogar zu einem Essen eingeladen. Auch andere Reisende lernst du im Bus oder Zug häufiger kennen als im Kurzstreckenflieger.

Busse sind in den meisten Ländern das einfachste, günstigste und häufigste Transportmittel. Es ist nur selten nötig, sie vorher zu buchen. Ich kaufe die Tickets meist erst kurz vor Abfahrt am Busbahnhof. Wenn du lieber vorher buchen willst, suche auf *Rome2Rio* oder *Busbud* nach Anbietern. Dort siehst du aber bei Weitem nicht alle existierenden Busverbindungen.

Kurzstreckenzüge sind ähnlich unkompliziert wie Busse und oft noch günstiger. Langstreckenzüge und besonders Schlafzüge buchst du aber am besten so weit wie möglich im Voraus. Kurz vor Abfahrt bekommst du wahrscheinlich nur noch einen Sitz- oder gar Stehplatz. Das machst du einmal und nie wieder. Wenn du einen ordentlichen Sleeper-Platz hast, sind Schlafzüge viel bequemer als Nachtbusse.

Schiffe und Fähren sind das seltenste Transportmittel für Überlandreisende. Buche am besten vorher wie bei Fernzügen. Es gibt manchmal Kombitickets für Bus und Boot. Informiere dich bei Nachtfähren über die Übernachtungsgelegenheiten. Auf einfachen Booten gibt es keine Kojen. Die Passagiere schlafen auf dem Deck, und das kann je nach Klima unangenehm werden. Selbst in eigentlich warmen Ländern wie Bangladesch wirst du nachts auf dem offenen Boot froh sein über eine schnell noch vor der Abfahrt gekaufte Decke.

Hop-on-Hop-off-Bustickets zum Festpreis und *Rail Passes* wie in Japan funktionieren ähnlich wie Interrail in Europa, aber lohnen sich nur selten für Weltreisende. Vergleiche mit den Einzelpreisen und bedenke, dass du mehr Zeit pro Ort verbringst als Kurzurlauber. Du musst auch nicht den superschnellen Expresszug nehmen, wenn die günstige Regionalbahn nur eine Stunde länger braucht.

Mitfahrgelegenheiten sind außerhalb von Europa leider kaum bekannt. Auch Trampen ist in vielen Ländern nicht üblich. Das muss dich nicht davon abhalten, den Daumen herauszuhalten. Informiere dich im *Hitchwiki* zum Autostopp in aller Welt. In beliebten Ländern für Überlandreisen wie Thailand und Vietnam gibt es spezielle Touristenbusse. Die bringen dich von einer Backpacker-Enklave zur nächsten. Du sparst dir den Weg zum Busbahnhof, der meist außerhalb liegt. Aber du zahlst so viel extra für diesen Service, dass du dir auch ein Taxi zum Busbahnhof nehmen könntest und immer noch günstiger fährst. Manchmal werden diese Busse zu richtigen Partybussen, und gerade in Thailand wird immer wieder während der Fahrt aus dem Gepäck etwas gestohlen. Schau besser zum nächsten Busbahnhof und nimm den Government Bus, den offiziellen Bus, mit dem auch Einheimische fahren.

INFORMATIONEN ZU ÜBERLAND-TRANSPORT-MITTELN FINDEST DU AUF DIESEN WEBSEITEN:

1. Transport-Vergleich: *rome2rio.com*
2. Bus-Suche: *busbud.com*
3. Infos zu Zügen: *seat61.com*
4. Infos zur Anreise: *en.wikivoyage.org*
5. Infos zum Trampen: *hitchwiki.org*

5. BEIM SELBSTFAHREN KANNST DU GELD SPAREN

Mietwagen können sich in teuren Industrieländern lohnen. Für den Besuch von Nationalparks sind sie oft sogar die beste Wahl, vor allem in Australien, Südafrika und den USA. Das gilt natürlich umso mehr, wenn du ein Auto mit mehreren Reisenden teilst. Noch mal sparen kannst du, wenn du bereit bist, im Auto auch zu schlafen, und sei es nur jede zweite Nacht. Mietwagen sind für Rundrouten optimal. Wenn du das Auto woanders zurückgibst, zahlst du einen Aufpreis für die Einwegmiete.

In Entwicklungsländern sind Mietwagen keine gute Idee. Verkehrschaos, laxe Verkehrsregeln und die Sprachbarriere sind gute Gründe, nicht selbst zu fahren. In manchen Ländern kommen dazu Linksverkehr, schlechte Straßen und korrupte Polizisten. Ein Auto mit Fahrer zu mieten kann in solchen Ländern hingegen eine gute Idee sein. Das ist nicht viel teurer als ein Mietwagen. Suche einen lokalen Fahrer am besten vor Ort und plane genug Zeit dafür ein.

Eine Alternative zum Mieten ist Kaufen. Das lohnt sich aber nur, wenn du lange Zeit im gleichen Land verbringen willst. Eine Fahrzeugausfuhr über eine Landgrenze ist oft kompliziert. Sie ist meist nur dann möglich, wenn du das Fahrzeug wieder in das Ursprungsland zurückbringst. Auch beim Verkaufen kann es Probleme geben. Auf einer Weltreise hast du gar nicht die Zeit dazu.

Überführungen sind die günstigste Möglichkeit, an einen Leihwagen oder sogar ein Wohnmobil zu kommen. Du bringst ein Fahrzeug zum Beispiel von Brisbane nach Melbourne, weil der Verleiher es dort braucht. Dafür zahlst du ab einem Dollar pro Tag und bekommst sogar manchmal Benzin bezahlt. Natürlich bist du auf die Bedingungen des Transfers angewiesen. Das heißt, du bist weder beim Datum noch bei der Route besonders flexibel. Zu eilige Überführungen werden außerdem zur Hetzerei.

Natürlich kannst du nicht nur Autos und Camper mieten, sondern auch Motorräder. Das machst du aber nicht aus Zweckmäßigkeit, sondern aus Lust am Abenteuer. Kleinere Mietroller können immerhin für mittelgroße Inseln zweckmäßig sein. Wir haben damit auch schon die größere Insel Bali für mehrere Tage erkundet. Meist sind Roller aber wirklich nur Ersatz für Nahverkehr auf einer Insel oder in einer Gegend mit viel Natur.

Dein deutscher Führerschein reicht nicht, um im Ausland selbst zu fahren. Lass dir vor der Reise einen internationalen Führerschein ausstellen und nimm zusätzlich deinen deutschen Führerschein mit. Um Autos zu mieten, musst du außerdem als Garantie eine Charge- oder Kreditkarte mit genug Deckung vorlegen. Eine Debitkarte reicht nicht.

In vielen Ländern wirst du beim Mieten gar nicht nach einem Führerschein gefragt und kommst auch bei einer Polizeikontrolle ohne Fahrerlaubnis mit wenigen Euro Bestechungsgeld davon. Das machen viel mehr Reisende so, als du vielleicht denkst. Bei einigen von ihnen endete diese Sorglosigkeit aber leider in einer mehr oder weniger großen Katastrophe: Wenn ein Unfall ohne gültigen Führerschein passiert, zahlen Versicherungen nicht, auch nicht deine Krankenversicherung.

AUF DIESEN WEBSEITEN FINDEST DU GÜNSTIGE MIETWAGEN:

- Autoüberführung AUS: *jucy.com.au, transfercar.com.au*
- Autoüberführung NZ: *jucy.co.nz, transfercar.co.nz*
- Mietwagen-Portale: *billiger-mietwagen.de, happycar.de, mietwagen. check24.de*
- Wohnmobilüberführung: *imoova.com*

6. NUTZE MÖGLICHST OFT DEN NAHVERKEHR

Was hilft dir ein Flug für 25 Euro, wenn du doppelt so viel zahlst, um von und zum Flughafen zu kommen? Recherchiere Flughafentransfers besser vorher. Selbst ein Metro-Ticket zum Flughafen kann in manchen Städten unnötig teuer sein. Meist gibt es in diesem Fall als Alternative einen Flughafenbus. *Wikivoyage* hat für fast alle Flughäfen, Bahnhöfe und Busbahnhöfe Informationen zum Transfer.

Google Maps ist eine großartige Hilfe im öffentlichen Nahverkehr. Du kannst damit für immer mehr Orte weltweit nach einer Verbindung mit Stadtbus und Metro suchen. Auf die Zeitangaben solltest du dich in Entwicklungsländern nicht unbedingt verlassen, aber die Verbindungen stimmen meist. Leider musst du für die ÖPNV-Suche auf *Google Maps* online sein. Dazu brauchst du eine lokale SIM-Karte oder Wifi in der Nähe. Wenn du per Wifi vorher Kartenmaterial herunterlädst, senkst du zumindest deinen Datenverbrauch unterwegs. Für die meisten Städte ist das möglich im Menü unter »Offline Maps«.

Eine ÖPNV-Suche ganz ohne Internetverbindung gibt es in der App *Here*. Leider ist diese Offline-Version nicht so gut wie die Online-Variante von *Google Maps*. Die Offline-Karten von *Here* sind außerdem bis auf die ÖPNV-Suche nicht so gut wie bei *maps.me*.

Taxifahrer sind die Erzfeinde von Reisenden. Selbst wenn das Taxameter eigentlich funktioniert, wollen sie es bei Touristen nicht verwenden. Stattdessen werden Mondpreise für kurze Strecken verlangt. Wenn sich eine Taxifahrt nicht vermeiden lässt, dann informiere dich in deiner Unterkunft, was sie normalerweise kostet. Noch besser, frage an der Rezeption, ob sie dir ein verlässliches Taxi rufen können. Vermeide Taxis, die vor Hotels oder Touristen-Hotspots warten. Am besten winkst du ein fahrendes Taxi auf einer belebten Straße heran. Wenn der Fahrer verhandeln will, nimm das nächste Taxi. In manchen Ländern hast du leider keine Chance und musst handeln.

> »Alles ist in Laufdistanz, wenn du die Zeit dafür hast.«
>
> STEVEN WRIGHT

Eine gute Alternative zu Taxis sind Rideshares. Das sind Mitfahrgelegenheiten bei Privatleuten gegen Entgelt. Vermittelt werden die taxi-ähnlichen Dienste über Anbieter wie *Uber, Grab, Lyft* oder *Didi*.

Du buchst, ohne verhandeln zu müssen, in der App. Den Preis weißt du vorher, und es gibt keine Überraschungen. Weil je nach Land ein anderer Anbieter dominiert, suchst du am besten mit einer Meta-Suche. *RideGuru* zeigt dir alle Rideshare-Angebote, egal in welchem Land.

Am meisten siehst du von einer Stadt, wenn du viel läufst. Als Neuankömmling empfiehlt es sich ohnehin, erst mal in den Gassen verloren zu gehen, damit du ein Gefühl für den Ort bekommst. Du bist schon mittags zurück in der Unterkunft? Jetzt kannst du immer noch recherchieren, wo dich der Nahverkehr hinbringen kann.

Es kann sich lohnen, ein Fahrrad oder einen Roller für einen Tag oder stundenweise zu mieten. Das ist eine tolle Art, eine Stadt zu erkunden, vor allem in China und den USA. Schau vorher, ob es am Reiseziel ein Sharing-Netzwerk für Fahrräder gibt, und hol dir die App. Wenn es an einem Ort nur wenige oder gar keine Leihmöglichkeiten gibt, dann hat das wahrscheinlich einen guten Grund. Niemand will in der Altstadt von Delhi freiwillig Rad fahren.

AUF DIESEN WEBSEITEN FINDEST DU NAHVERKEHRSANGEBOTE UND -ROUTEN SOWIE GÜNSTIGE FLUGHAFENTRANSFERS:

- Online-Navi mit ÖPNV: *maps.google.de*
- Offline-Navi mit ÖPNV: *here.com*
- Offline-Navi: *mapsme.de*
- Meta-Suche für Uber, Grab etc.: *ride.guru*
- Flughafentransfer-Infos: *en.wikivoyage.org*

7. PLANE AKTIVITÄTEN UND MACHE TOUREN AUF EIGENE FAUST

Viele der Urlaubsmomente, an die du dich erinnerst, ereigneten sich bei Aktivitäten und Touren. Wenn du deinen verdienten Jahresurlaub antrittst, willst du die wenigen Tage mit möglichst viel Programm füllen. Vielleicht kannst du dir eine Reise kaum anders vorstellen. Aber was passiert, wenn du versuchst, so ein Tempo für zwei Monate durchzuhalten? Wie sehr interessiert dich der dritte Wasserfall, das vierte Museum und der fünfte Tempel?

Weltreisende sind nicht wie Urlauber unterwegs. Die immer gleichen Sehenswürdigkeiten langweilen schnell. Ständige Ortswechsel ermüden. Eher früher als später wirst du auf diesen Reisestil keine Lust mehr haben. Das ist eine gute Nachricht! Geführte Touren und touristische Aktivitäten können nämlich teuer werden.

Natürlich solltest du nicht auf Angkor Wat und Machu Picchu verzichten. Buche auch den Kochkurs und mach die Dschungelwanderung mit. Aber verzichte zwischendurch bewusst darauf, den Tag zu verplanen. Erkunde Orte unvorbereitet und lass dich überraschen. Entspanne mit einem guten Buch in der Hängematte. Pauke Spanisch-Vokabeln oder mache einen Kurs. Es geht um abwechslungsreiche Erlebnisse und nicht um Listen zum Abhaken.

Selbst die Must-See-Highlights sind spannender, wenn du sie auf eigene Faust erkundest. Keine Lust darauf, in Angkor Wat dem Guide auf einer Bustour hinterherzudackeln? Miete ein klappriges Fahrrad und erkunde die unzähligen Tempel selbst. Statt mit dem teuren Luxuszug nach Machu Picchu zu fahren, kannst du auch mit den Collectivos genannten öffentlichen Minivans anreisen. Auf diesem Weg musst du die letzten Kilometer zwei Stunden lang wandern. Wenn dann die Sonne über den Ruinen aufgeht, fühlst du dich wie ein Entdecker und nicht wie ein Schaf in der Herde.

Die meisten Touren, die mit Führer angeboten werden, kannst du auf eigene Faust machen. Das reicht von der Stadttour zur mehrtägigen Wanderung im Himalaja. Es ist extrem erfüllend, in einem fremden Land allein klarzukommen. Recherchiere gut, und dann trau dich. Schließe dich ruhig im Hostel oder über Couchsurfing anderen Reisenden an.

Ein Guide kann natürlich eine gute Idee sein, zum Beispiel in der Mongolei. Manchmal sind geführte Touren sogar vorgeschrieben wie beim Manaslu Trek in Nepal. Buche möglichst vor Ort oder über unabhängige Plattformen. So kommt das Geld beim Führer an und bleibt nicht beim Vermittler hängen. Und günstiger ist das dazu auch. Auf speziellen Plattformen findest du auch Hobby-Führer und Hobby-Köche. Das ist echter als das einstudierte Touristenprogramm des offiziellen Führers.

Ruinen zeigen die glorreiche Vergangenheit, haben aber oft wenig mit der Gegenwart zu tun. Um Kultur und Mentalität eines Landes mit Tiefenwirkung zu sehen, werfe einen Blick in den Festivalkalender. Meist musst du deine Route nur leicht ändern, damit du ein oder zwei größere Feierlichkeiten erleben kannst. Das »Kulturprogramm« bei einem Fest ist hundert Mal lebendiger und authentischer als die kulturelle Touristenbespaßung für Reisebusse.

AUF DIESEN PLATTFORMEN FINDEST DU ANGEBOTE FÜR AKTIVITÄTEN MIT LOCALS:

- Events: *couchsurfing.com/events*
- Führungen: *airbnb.de/s/experiences, showaround.com, withlocals.com*
- Kochen und Essen: *bonappetour.com, eatwith.com*
- Partys: *partywith.co*

8. LIES REISEFÜHRER, UM GÜNSTIG ZU REISEN

Reiseführer helfen Geld zu sparen. Neben gedruckten Standard-Reiseführern wie *Lonely Planet* gibt es Reiseführer mit lokalem Expertenwissen. Aber musst du für jedes Land einen Reiseführer kaufen? Immerhin gibt es mittlerweile auch zuverlässige Online-Reiseführer. Außerdem werden die Reiseblogs immer professioneller.

In Nordostindien wäre ich vergangenes Jahr ohne den *Lonely Planet* verzweifelt. Selbst im englischen Internet sind Informationen zu dieser kaum bereisten Region spärlich und veraltet. Für das beliebte Thailand hingegen habe ich 2010 das letzte Mal einen Reiseführer in Buchform gelesen, und das war damals schon unnötig. Und Thailand ist die Regel, nicht die Ausnahme.

Der größte Online-Reiseführer ist das kostenlose *Wikivoyage*, früher bekannt als *Wikitravel*. Diese eine Webseite kann die meisten Reiseführer in Buchform ersetzen. Für günstiges Reisen sind die Informationen auf *Wikivoyage* sogar besser als im *Lonely Planet*. Lade dir unbedingt *Wikivoyage* als Offline-Version mit der App *Kiwix* herunter.

Reiseführer als Buch oder eBook sind wiederum ideal für ungewöhnliche Reiseziele. Wenn du mehr Zeit an einem Ort verbringst, kann sich außerdem ein Insider-Reiseführer lohnen. Das sind Reiseführer mit lokalem Expertenwissen zu beliebten Reisezielen. Ich selbst habe einen umfangreichen Reiseführer über die Hauptstadt von Thailand geschrieben. Bangkok ist seit vielen Jahren meine Homebase. Die meisten Informationen aus dem Buch findest du weder im *Lonely Planet* noch im Internet.

Mein Bangkok-Reiseführer enthält absichtlich keine Empfehlungen für Unterkünfte. Dafür sind Reiseführer in Buchform einfach nicht geeignet. Selbst Blogs und Webseiten sind dafür keine gute Idee und *Facebook*-Gruppen schon gar nicht. Auf jedem Buchungsportal gibt es aktuelle Bewertungen zu fast jeder Unterkunft. Bei den Empfehlungsportalen *Tripadvisor*, *Google Maps* und *Yelp* werden Restaurants und andere Orte bewertet. Du findest dort Öffnungszeiten, Buchungsmöglichkeiten und Navigationsdaten für GPS. Das ist aktueller und informativer als jeder Reiseführer.

Stärken von Reiseführern sind hingegen die logistischen Informationen zu An- und Abreise. Bei Blogs gibt es zusätzliche Tipps aus eigener Erfahrung. Außerdem liefern Reiseführer ein Grundgerüst für die Reise durch ein Land mit Inspirationen und Routen-Beispielen.

Reise also möglichst mit Online-Reiseführern. Nur bei wenig besuchten Reisezielen wirst du einen Reiseführer in Buchform brauchen. Den kannst du dir dann auch noch als eBook unterwegs besorgen. Die Möglichkeiten, gebrauchte Reiseführer in Buchform zu kaufen oder zu tauschen, nehmen leider immer mehr ab. Früher war das in jeder Backpacker-Straße und vielen Hostels möglich.

DIESE GRATIS ONLINE-REISEFÜHRER KANN ICH EMPFEHLEN:

- Reiseführer für die ganze Welt: *backpackforever.com, en.wikivoyage.org,*
- Reiseführer nur für Asien: *travelfish.org*
- Mehrere Insider-Reiseführer: *for91days.com*
- Reiseführer für extrem günstiges Reisen: *nomadwiki.org*
- Listen mit Reiseführern für jedes Reiseland: *backpackinghacks.de/ reiseziele*
- Reiseblog-Artikel sortiert nach Destinationen: *reise2punktnull.de, blogsurfing.de*

9. SPARE SCHON BEIM ABHEBEN UND BEZAHLEN

Auf einer Weltreise kommst du nicht weit mit einer Girocard. Die meisten Geldautomaten außerhalb von Europa akzeptieren nur *VISA* oder *Mastercard*. Ähnlich ist es beim Bezahlen in Fremdwährung, vor Ort und online. Welche gebührenfreien Kreditkarten gut für Reisende sind, siehst du im letzten Kapitel.

Leider erstatten die meisten Kreditkartenausgeber Fremdgebühren beim Geldabheben am Automaten nicht mehr. Für die Benutzung des Geldautomaten fallen pro Abhebung bis zu fünf Euro an. Diese Gebühren werden in immer mehr Ländern erhoben. Es gibt aber einige Banken, die keine Gebühren erheben. Die besten Chancen hast du bei internationalen Banken wie *Deutsche Bank, Citibank, HSBC* oder *Santander*. Wenn sich die Fremdgebühren absolut nicht vermeiden lassen, lass dir den maximal möglichen Betrag auszahlen. So verringert sich der prozentuale Anteil der Gebühren am Auszahlungsbetrag. Wenn der Geldautomat oder ein Händler fragt, ob automatisch in Euro umgerechnet werden soll, verneine. Die sogenannte »Dynamic Currency Conversion« solltest du immer ablehnen und dafür die Option »direkte Auszahlung« oder »ohne Währungsumrechnung« wählen, weil sonst ein Dienstleister die Währung umrechnet und eine meist happige zusätzliche Gebühr auf den Wechselkurs aufschlägt. Lasse daher beim Geldabheben immer in der Landeswährung abrechnen. Deine eigene Bank rechnet automatisch in Euro um. Das ist mit der richtigen Kreditkarte gebührenfrei.

Ein Tipp: Wähle am Geldautomaten als Auszahlungsbetrag nicht 10.000 Rupien oder Pesos, wenn du manuell auch 9900 eingeben kannst. Denn sonst bekommst du nur große Scheine. Wichtig ist aber, auch kleine Scheine zu erhalten. Mit einem Tausender kannst du dir nichts kaufen, weil kleine Händler auf große Scheine nicht herausgeben können. Das gilt schon für Geldscheine im Gegenwert von nur zehn Euro. Kaum zu glauben, aber das ist in Äthiopien oder Bolivien zu viel Geld, um damit für Kleinkram zu bezahlen. Mache beim Bezahlen größerer Beträge wie bei der Unterkunft immer große Scheine klein. Supermärkte können oft herausgeben, aber in Indien haben selbst die häufig nicht genügend Wechselgeld vorrätig. Kaufe Fremdwährung niemals daheim, mit Ausnahme von US-Dollar. Wechsle auch nicht am Flughafen oder zumindest nur kleine Beträge, um in die Stadt zu kommen. Gute Geldwechsler in der Stadt haben wiederum einen etwas besseren Wechselkurs als Kreditkarten. Leider hilft dir das auf einer Weltreise nichts, weil du nicht so viel Bargeld mitnehmen solltest. Nimm aber immer Notgroschen an Euros und Dollar mit. Die stille Reserve solltest du nur im Notfall verwenden und möglichst wieder aufstocken. In Ländern mit einem Währungsschwarzmarkt solltest du unbedingt genug Geld aus dem Nachbarland mitbringen. In Argentinien konnte ich mit chilenischen Peso gut 30 Prozent sparen gegenüber dem Geldautomaten. Argentinische Peso werden zwar aktuell wieder frei gehandelt, aber Schwarzmärkte gibt es weiterhin. Derzeit betrifft das vor allem Länder in Zentralasien wie Iran, Usbekistan und Turkmenistan.

TIPPS, WENN DAS GELDABHEBEN MIT DER KREDITKARTE NICHT FUNKTIONIERT:

- Versuche es mit einem kleineren Betrag.
- Probiere es mit einer anderen Karte.
- Mache am Bank-Schalter eine »Cash Advance«, eine Barauszahlung.
- Überweise vom Girokonto Guthaben auf die Kreditkarte.
- Rufe bei der Heimatbank an.
- Frage Deutsche im Hostel um Hilfe.
- Schicke mit Western Union Geld an dich selbst. Das kannst du mit deinem Reisepass abholen, allerdings gegen hohe Gebühren.

10. OPTIMIERE MIT WEITEREN SPARTIPPS

Feilschen ist der Spartipp, von dem du wohl schon am meisten gehört hast. In Asien, Afrika und Lateinamerika sind viele Preise verhandelbar, aber nicht alle. In manchen Ländern ist das Feilschen geradezu Volkssport. Wenn du dort gleich auf den ersten Preis eingehst, wirst du über den Tisch gezogen, und der Händler hält dich für einen Trottel. Auch wenn dir das Geld egal ist: Bitte zahle möglichst keine Touristenpreise und lass dir nichts aufschwatzen. Sonst bist du mit dafür verantwortlich, wenn Reisende nach dir nur noch als Geldautomaten auf zwei Beinen angesehen werden.

Feilschen ist gar nicht so schwer, wenn du das Preisniveau halbwegs kennst. Nach einer Weile wirst du ein paar Standardpreise kennen. Vorher musst du Lehrgeld zahlen und dich mit Preiserfahrungen aus ähnlichen Ländern annähern an das örtliche Preisniveau. Ein gängiger Tipp ist, nur ein Drittel zu bieten, aber das nützt in touristischen Gebieten nichts, weil der Händler beim Achtfachen anfängt. Im Zweifelsfall nenne keinen Preis, sondern frage, ob es auch günstiger geht. Sei bereit, auch wieder zu gehen. Nimm dir Zeit und setze ein Lächeln auf. Aber bitte übertreibe es nicht. Du wirst als Fremder mehr als die Einheimischen bezahlen – das ist okay. Es geht darum, kein leichtes Opfer zu sein. Zahle in bar, in der Landeswährung und möglichst mit passendem Kleingeld.

Gängige Preise und vieles mehr kannst du auch in der Unterkunft erfragen. Die Leute an der Rezeption hören Fragen nach den besten Mittagsmenüs oder den günstigsten Märkten jeden Tag und kennen sich meist gut aus. Außerdem fällt die Sprachbarriere weg. Oft können die Mitarbeiter der Unterkunft auch Sachen organisieren, zum Beispiel einen Mietroller oder ein Zugticket.

Es hilft dir in vielen Situationen, ein paar Wörter in der Landessprache zu können. Grundlagen sind die Zahlen von eins bis zehn, sowie

»Hallo«, »Danke« und »wie viel kostet das?«. Du kannst beliebig tief in Sprachen einsteigen. Es ist aber ein enormer Aufwand, bis du eine Sprache halbwegs gelernt hast. Das lohnt sich hauptsächlich für Spanisch.

Abends auszugehen kann teuer werden. In vielen Ländern ist Alkohol ein Budget-Killer. Lass dich nicht davon abhalten, ein Bier oder einen Cocktail am Strand zu trinken. Selbst ein Glas Wein in einer Skybar ist hin und wieder mal drin. Aber wenn du viel Party machen willst, dann musst du ein höheres Budget einplanen.

Die Mutter aller Spartipps ist: Schau dir an, was die Einheimischen machen. Wo gehen die Menschen essen und einkaufen und wie bewegen sie sich fort? Die Locals kommen mit viel weniger Geld aus als selbst die sparsamsten Reisenden.

HIER IST FEILSCHEN OKAY:

- auf Märkten,
- für die Unterkunft,
- für Taxis und Tuk-Tuks (Moped-Taxis),
- für Touren und touristische Angebote.

HIER IST FEILSCHEN UNANGEBRACHT:

- für Essen,
- in Supermärkten,
- für Busse und Bahnen,
- nachdem du schon konsumiert hast.

11. REISE GÜNSTIG – REISE NACHHALTIG

Geiz ist geil – auch für die Nachhaltigkeit. Wenn du bewusster reisen willst, dann besuche keine teure Eco Lodge von einem Tourismusentwickler, sondern Omas Gästehaus oder ein lokales Homestay. Das deckt alle drei Säulen der Nachhaltigkeit ab.

Wenn wir Nachhaltigkeit hören, denken wir hauptsächlich an den Umweltschutz. Aber das ist nur eine der drei Säulen der Nachhaltigkeit. Eine Eco Lodge mitten in der Natur mag ökologisch nachhaltig sein. Aber wenn alles Geld beim Investor hängen bleibt, ist sie nicht ökonomisch nachhaltig.

Ein beliebter Halt für Feierwütige war einmal Vang Vieng in Laos. Junge Reisende ließen sich auf Schwimmreifen einen Fluss hinuntertreiben. Unterwegs hielten sie an unzähligen Flussbars – eine riesige Party. Jeden Abend torkelten halb nackte Fremde durch das beschauliche Dorf. Die Bewohner duldeten das Verhalten, weil eine Kooperative die Einnahmen an alle ausschüttete. Aber trotz ökonomischer Nachhaltigkeit waren die Menschen unzufrieden mit dem Sauftourismus. Das alte Vang-Vieng-Modell scheiterte tragisch an tödlichen Unfällen, aber genauso gescheitert war die sozio-kulturelle Säule.

Weniger Konsum ist nachhaltiger. Du bestehst als günstig Reisender nicht auf importiertem Lachs zum Frühstück im Sterne-Hotel (ökonomisch). Du nimmst öffentliche Verkehrsmittel und reist viel über Land (ökologisch). Du näherst dich respektvoll auf Augenhöhe den Menschen, statt mit der Tourbus-Horde einzufallen (sozio-kulturell).

Du gibst zwar pro Transaktion weniger Geld aus. Aber von deinem Geld kommt mehr als doppelt so viel bei den kleinen Leuten an. Bei normalem Tourismus gibt es für die lokale Wertschöpfung Streuverluste von mehr als zwei Dritteln. Bei Rucksackreisenden ist es weniger als ein Drittel. Außerdem gleichst du die geringeren Ausgaben pro Tag durch einen längeren Aufenthalt aus. Für lokale Unternehmer ist es nicht nur finanziell besser, ein kleines Homestay zu betreiben statt saisonal im Hotel zu putzen. Stimme mit deinen Euro für die Menschen vor Ort ab.

Wirklich nachhaltig reist du deswegen aber noch nicht. Eine Weltreise kann allein wegen der hohen CO_2-Belastung durch Flüge nicht nachhaltig sein. Das kannst du nicht verhindern, aber kompensieren. Unternehmen wie *atmosfair, Klima-Kollekte, PrimaKlima* und *myclimate* sparen für dich gegen eine Gebühr an anderer Stelle CO_2 ein.

Nachhaltige Reiseziele heißen nicht Bali und Bolivien, sondern Balkonien und Baggersee. Aber selbst die sind nur dann nachhaltig, wenn du schon im Alltag nachhaltig lebst. Auf Reisen lebst du wahrscheinlich noch weniger nachhaltig als daheim. Einen viel größeren ökologischen Fußabdruck als die Einheimischen hinterlässt du sowieso. Das ist nicht zu vermeiden, aber du kannst dich zumindest so weit wie möglich anpassen.

DIE DREI SÄULEN DER NACHHALTIGKEIT

Je mehr der folgenden Fragen du mit Ja beantworten kannst, desto nachhaltiger ist ein Reiseziel:

- **Ökologie:** Wird der ökologische Fußabdruck von Touristen begrenzt? Bleiben Natur und Ressourcen für künftige Generationen erhalten?
- **Ökonomie:** Kommt das Geld vom Tourismus bei Einheimischen an? Sind touristische Entwicklungen positiv?
- **Sozio-kulturell:** Wird auf die lokale Kultur Rücksicht genommen? Sind Einheimische zufrieden mit dem Tourismus?

12. ABER SEI KEIN GEIZHALS UND REISE ETHISCH

Auch wenn du bei der Nachhaltigkeit alles richtig machst, reist du noch lange nicht ethisch gut. Teilweise stehen Nachhaltigkeit und Ethik sogar im Widerspruch. Wenn du zum Beispiel auf Elefanten reitest, ist das eine Einkommensquelle für die Mahuts, denen die Elefanten gehören. Inder und Thailänder haben auch nichts gegen Elefantenreiten. Ökonomisch, ökologisch und sozio-kulturell ist Elefantenreiten nachhaltig. Aber ist es ethisch vertretbar? Informiere dich zum Thema »Elefanten brechen«. Du wirst wahrscheinlich auf das Reiten verzichten, obwohl du damit den Mahuts schadest. Beobachte stattdessen wilde Elefanten im Freien. Das geht besonders gut in den Nationalparks auf Sri Lanka sowie in Thailands Nationalparks Khao Yai und Kui Buri.

Ein ähnliches Thema sind »Menschenzoos«. Du kannst Langhalsfrauen im Norden von Thailand besuchen oder verrückt dekorierte Stämme in Äthiopiens Omo-Tal. Die Leute dort freuen sich über die Einnahmen für Fotos und verkaufen Schnickschnack. Es ist schwer, jemanden zu finden, der dadurch geschädigt wird. Aber ist es ethisch in Ordnung, Menschen zu Sehenswürdigkeiten zu degradieren?

Klarer ist der Fall bei Freiwilligenarbeit. In Ländern wie Kambodscha gibt es den Waisenhaus-Tourismus. Westler sind bereit, viel Geld zu zahlen, um eine Woche lang mit armen Waisenkindern zu spielen. Dafür werden die Kinder in möglichst mitleiderregenden Zuständen gehalten. Die meisten davon sind nicht einmal Waisen. Sie werden aus ihrem Elternhaus herausgekauft, weil die »Waisenhäuser« ständig Nachschub an jungen Kindern brauchen.

Dies ist wahrscheinlich die schlimmste bekannte Version vom sogenannten Voluntourismus. Generell ist jedoch ein Großteil der Angebote für Freiwilligenarbeit ethisch fragwürdig. Das gilt besonders, wenn Freiwillige keine Qualifikationen brauchen und nur Monate oder gar nur Wochen bleiben. Bettelnde Kinder sind ein weiterer Fall von »Das Gegenteil von gut ist gut gemeint«. Ein Bettelkind kann viel mehr Geld einnehmen als beide Elternteile zusammen. Wenn du den Kindern Geld gibst, bleiben sie auf der Straße. Du bezahlst das Kind quasi dafür, dass es nicht in die Schule geht. Deine Verantwortung auf Reisen ist groß, denn deine Kaufkraft ist viel höher als die der lokalen Bevölkerung. Du kommst aus einem der reichsten Länder der Welt. Mit jedem Euro, den du ausgibst, stimmst du ab.

> »Mit großer Macht kommt große Verantwortung.«
>
> AUS DEM FRANZÖSISCHEN NATIONALKONVENT 1793

Selbst ein zu großzügiges Trinkgeld für einen Guide kann Nebenwirkungen haben. Wenn man im Tourismus mehr verdient als ein Arzt oder Lehrer, kann das auf Dauer negative Folgen haben. Es ist leider unmöglich, sich als Reisender immer ethisch richtig zu verhalten. Es gibt zu viele Variablen und unvermutete Konsequenzen. Du kannst aber Verantwortung übernehmen, indem du dich vorher informierst und sensibilisierst. Denke immer an die langfristigen Folgen für die Einheimischen und für die Reisenden nach dir.

BEISPIELE FÜR ETHISCH FRAGWÜRDIGEN TOURISMUS:

- Bettelkindern Geld zu geben;
- Elefantenreiten und Tiger-Streichelzoos;
- Kriminalität, z. B. illegale Drogen;
- Menschenzoos und Slumtourismus;
- Preistreiberei, aber auch Sparwahn;
- Reisen in Unrechtsstaaten;
- Sextourismus;
- Voluntourismus.

VI.

LERNE PRAKTISCHE
SPARTIPPS FÜR
13 REISEZIELE

Bei Kurztrips in Europa ähneln sich die meisten Städte und Regionen. Fußgängerzonen in Großstädten schauen teilweise wie geklont aus. Klar, es gibt zwischen Nord-, Süd- und Osteuropa Unterschiede bei Mentalität und Gewohnheiten. Aber du musst dich nie fragen, wie du an Essen, eine Unterkunft oder von A nach B kommst. Auf einer Weltreise ist das oft anders.

Selbst in einer eher homogenen Region wie Südostasien merkst du Unterschiede, wenn du eine Landesgrenze überschreitest. Beim Wechsel von Thailand nach Laos oder Kambodscha ist es noch »Same Same But Different«, wie es eine thai-englische Redewendung ironisch ausdrückt, »ganz gleich und doch anders«. Aber spätestens in Vietnam heißt es dann »Different Different But Same«, »ganz unterschiedlich und doch gleich«. Alltagsbesorgungen werden plötzlich in Vietnam zur Herausforderung. Was kostet wie viel? Wo kann ich essen gehen, wie funktioniert das mit Bussen und Bahnen und welche Unterkünfte sind die richtigen für mich? Du musst sogar neu lernen, wie du die Straße überquerst.

Diesen Kulturschock erlebst du auch dann wieder, wenn du von Vietnam aus auf die Philippinen oder nach Bali fliegst. Spätestens wenn du anschließend in Hongkong oder Tokio landest, ist es dann nur noch »Different Different And Different«. Und das waren nur Unterschiede in einem kleinen Teil des Kontinents Asien. Es gehört zum Reisen dazu, dass du immer wieder wie ein Kind laufen lernen musst. Das ist es ein guter Grund, nicht zu schnell zu reisen. Du brauchst eine Weile, bis du warm wirst mit einem fremden Land. Je länger du bleibst, desto routinierter wird der Alltag und desto weniger Fehler machst du. Zum Beispiel beim Trinkgeld: In China ist Trinkgeld eine Beleidigung. Wenn du in den USA weniger als 15 bis 20 Prozent gibst, ist das auch eine Beleidigung.

Deine wachsende Erfahrung mit einem Reiseziel macht sich auch darin bemerkbar, dass deine Ausgaben sinken. Du lernst übliche Preise kennen und weißt nach ein paar Wochen, wie der Hase läuft. In Bangkok ist es eine bescheuerte Idee, ein Tuk-Tuk zu nehmen. In Sri Lanka ist der Tuk-Tuk-Fahrer dein Freund und Helfer.

> »Ich kann mir nichts vorstellen, das mich so in kindliches Staunen versetzt, wie in einem Land zu sein, in dem ich fast alles nicht weiß.«
>
> BILL BRYSON

Ein paar Unterschiede zwischen Regionen und Ländern findest du in diesem Kapitel. Ein gutes Dutzend bei Weltreisenden beliebte Reiseziele werden kurz mit ihren Highlights vorgestellt. Dazu gibt es Spartipps, Kostenfallen und Merkwürdigkeiten, auf die du achten solltest. Jedes Land ist einmalig, aber viele dieser Tipps kannst du als Schablonen auf andere Länder übertragen. Natürlich gibt dieses Kapitel nur eine grobe Idee über die Kosten und ersetzt keinen Reiseführer.

13 beliebte Reiseziele im Kostencheck

Land	Alkohol	Bett	Eintritt	Essen	Transport
Äthiopien	€	€€	€/€€€	€	€€
Bali/Java	€€	€	€	€	€
China	€€	€€	€€€	€	€€
Indien/Nepal	€€	€	€€	€	€
Malaysia/Singapur	€€	€€	€	€	€
Mexiko	€	€€	€€	€€	€€
Mongolei	€	€	€	€	€€
Patagonien	€€	€€€	€	€€€	€€€
Sri Lanka	€	€€	€€	€	€
Südperu/Bolivien	€	€€	€	€	€
Südwesten USA	€€€	€€€	€€	€€€	€€€
Thailand	€€	€	€	€	€
Vietnam	€	€	€	€€	€

1. ÄTHIOPIEN

Afrika eignet sich super für Urlaubsreisen, für Weltreisende ist der Kontinent nicht so ideal. Ein Besuch ist wegen der schlechten Fluganbindung an Asien und den amerikanischen Kontinent mühsam. Die günstigsten Flüge gehen über Europa oder den Nahen Osten. Wenn du Subsahara-Afrika aber unbedingt besuchen willst, habe ich einen Tipp für dich.

Äthiopien ist das kulturell interessanteste Land südlich der Sahara. Die Felsenkirchen von Lalibela sind eindrucksvoller als die Felsenstadt Petra in Jordanien. Aus dem drittältesten christlichen

Land stammen außerdem Kaffee, leckeres Essen und ein einzigartiger Tanz, der *Eskista*. Die Tänzer machen schnelle wellenförmige Bewegungen mit dem ganzen Körper und lassen schnell den Kopf rotieren. Wenn du Äthiopier fragst, hat Michael Jackson reichlich beim *Eskista* abgekupfert. Muslimische Einflüsse gibt es im Osten des Landes. Im Süden leben die bekannten Stammesvölker. In der Hauptstadt Addis Abeba wartet *Merkato*, der größte Markt Afrikas. Für Safaris ist Äthiopien nicht so ideal. Wenn du suchst, findest du zwar alle *Big Five*, aber nicht am selben Ort. Die Natur im Hochland von Afrika braucht sich aber nicht zu verstecken vor anderen Regionen in Afrika. Wandere im Grünen rund um Lalibela und besuche die riesigen Wasserfälle am Blauen Nil. Die neonbunte Vulkan-Landschaft der Danakil-Senke ist einzigartig auf der Welt. Äthiopien ist eines der preiswertesten Länder in Afrika. Das Essen aus Curries und dem gesäuerten Fladenbrot *Injera* ist so günstig und vielfältig wie in Asien. Alkohol kostet wenig, vor allem lokale Biere und Honigwein. Trinkgeld ist unüblich.

Der Transport ist leider kompliziert. Wenn du absolut anspruchslos bist, kannst du lokale Busse nehmen. Die Distanzen sind jedoch groß, sowohl zwischen der Hauptstadt Addis Adeba und Harar mit seiner Weltkulturerbe-Altstadt im Osten und der Touristenschleife im Norden. Auch auf der Schleife musst du einen Tag oder sogar mehr Transitzeit einplanen zwischen dem Wallfahrtsort Lalibela und der heiligen Stadt Aksum sowie zwischen Aksum und Gonder mit seinen historischen Burgen. Das liegt vor allem daran, dass Busse nur tagsüber fahren und fast alle früh am Morgen. Umsteigen lässt sich nicht vermeiden.

Es fliegt nur die staatliche Fluglinie, und die ist kein Billigflieger. Aber aus eineinhalb Tagen mit dem Bus werden eineinhalb Stunden im Propellerflugzeug. Das ist sehr zu empfehlen, auch wenn es die Transportkosten erhöht. Tipp: Mit einem *Ethiopian-Airlines*-Flugticket nach Äthiopien bekommst du alle Inlandsflüge zum halben Preis.

Hostels gibt es keine. Auch sonst ist es schwer, günstige Unterkünfte zu finden, die nicht total grottig sind. Wenn du Stress und Ekel vermeiden willst, gib besser etwas mehr Geld für die Übernachtung aus als in Asien. Lokale Hotels haben ein gutes Preis-Leistungsverhältnis.

Der Ticketpreis für Lalibela ist nicht ohne, dafür sind die anderen Eintrittsgebühren günstig. Sehr preiswert ist auch die Bootstour auf dem Tana-See. Wenn du allerdings die Danakil-Senke oder die Simien-Berge besuchen willst, kommst du um eine teure Tour für 400 bis 500 Euro pro Person nicht herum. Wir haben deswegen beides ausgelassen. Bei der Danakil-Senke war das ein Fehler. Die vulkanische Wüste mit einem speiendem Vulkan, einem Salzsee, der bis zum Horizont reicht, brodelnden Schwefellöchern und schier endlosen Kamelkarawanen gehört zu den faszinierendsten Landschaften der Erde.

Äthiopien als Reiseziel

Highlights				
Natur	Strand	Monumente	Metropole	Party
★ ★	–	★ ★	★	–
Menschen				
Kulturschock	Küche	Festivals	Verständigung	Geheimtipps
★ ★	★ ★	★	★	★ ★
Kosten				
Bett	Essen	Transport	Eintritte	Alkohol
€€	€	€€	€ / €€€	€

2. BALI UND JAVA

»Bali oder Thailand?« fragen sich viele Reisende, wenn es um das schönste Reiseziel Südostasiens geht. Die beiden Lieblingsorte konkurrieren aber gar nicht miteinander. Auf Bali herrscht Wintermonsun: Sommer ist die beste Reisezeit, im Winter regnet es. Das ist in Thailand genau umgekehrt.

Du bekommst schnell einen Tourismus-Koller? Besuche das kleine Bali zusammen mit der großen Schwesterinsel Java. Dort triffst du selbst in Yogyakarta und Jakarta nur wenige Touristen. Nach mehreren eher einsamen Wochen auf Java kann die Tourismus-Infrastruktur Balis sogar willkommen sein. Und wenn dir das »Mallorca von Australien« zu viel wird, ergreife die Flucht auf die Insel Nusa Penida oder auf die Gili-Inseln. Trotz Massentourismus kann Bali erstaunlich günstig sein. Lokale Restaurants sind zwar gerade in Touristenorten eher schwierig zu finden. Aber wenn du doch endlich vor einem *Warung*, einem Straßen-Verkaufsstand, stehst, sind die Preise für indonesische Gerichte genauso niedrig wie auf Java. Die kleine Essens-Auswahl wird aber leider schnell langweilig. Alkohol ist wie in den meisten islamischen Ländern etwas teurer als gedacht. Wenn du auch etwas abseits der touristischen Orte reist, kann es sogar sein, dass es gar keinen Alkohol gibt. Trinkgeld ist unüblich, außer im auf Bali allgegenwärtigen Tourismus.

Fernbusse sind ein übliches und günstiges Transportmittel. Auch zwischen den beiden Inseln nimmst du den Bus dank einer Autofähre. Auf Java gibt es außerdem eine Bahnlinie quer über die Insel. Das Zugfahren kann aber teuer werden. Mehr als die Hälfte der Züge haben nur Wagen erster Klasse. Von Bali auf die Nachbarinseln fahren zahlreiche Fähren. Inlandsflüge sind günstig, aber lohnen sich bei den kurzen Strecken auf Java und Bali nicht.

In Städten und für kürzere Wege gibt es Minibusse. Diese *Bemos* sind auch das Haupttransportmittel auf dem kleinen Bali. Das *Be-*

mo-System zu verstehen ist leider nicht so einfach. Daher mietest du am besten einen Roller, um die Insel zu erkunden, aber bitte nur mit internationalem Führerschein. Die Polizei auf Bali kontrolliert häufig. Alternativ nimmst du für wenig Geld einen Wagen mit Chauffeur.

Hostels gibt es kaum in Indonesien. Das ist auch nicht nötig, Gästehäuser mit Privatzimmern bieten günstige Preise. Gerade auf Java gibt es überraschend schöne familiengeführte Unterkünfte für wenig Geld. Auf Bali sind Unterkünfte spürbar teurer. Aber selbst in Ubud, dem kulturellem Zentrum Balis, findest du bezahlbare Zimmer, wenn du ein wenig suchst. Es ist auch üblich, ein bisschen zu handeln, vor allem wenn du länger bleibst.

Eintrittsgelder sind nicht der Rede wert. Klar, das Kombiticket für die touristischen Tempel Prambanan und Borobudur ist nicht geschenkt. Aber alle anderen Eintrittsgebühren sind sehr günstig. Das gilt selbst für den Themenpark Taman Mini in Jakarta und den Muttertempel Besakih auf Bali. Eine geführte Tour musst du auf Java oder Bali nicht machen. Selbst die Vulkane Bromo und Ijen auf Java kannst du auf eigene Faust erkunden.

Bali und Java als Reiseziel

Highlights				
Natur	Strand	Monumente	Metropole	Party
★★	★★	★★	–	★★
Menschen				
Kulturschock	Küche	Festivals	Verständigung	Geheimtipps
★	–	★★	– / ★★	★
Kosten				
Bett	Essen	Transport	Eintritte	Alkohol
€	€	€	€	€€

3. CHINA

China war schon immer ein faszinierendes Reiseziel. Das kannst du bei den ersten Extrem-Weltenbummlern Marco Polo und Ibn Battuta nachlesen. Vom Seidenstraßen-China ist leider nach der Kulturrevolution nicht mehr viel übrig. Einige historische Orte wie Pingyao und Lijiang haben aber überlebt. Auch vom China aus dem Jahr 1990 ist nicht mehr viel geblieben. Das Land hat sich wie kein anderes in das 21. Jahrhundert katapultiert. Das ist eine gute Nachricht, wenn du Großstädte magst. Im Land der Metropolen gibt es viel zu entdecken, vor allem in Hongkong, Peking und Shanghai. Städten entkommst du aber auch sonst nirgendwo in China. Selbst der vermeintlich idyllische Ort in den Bergen ist umringt von Wolkenkratzern.

Wenn du dem Smog entfliehen willst, musst du in die Natur. Der nächste von rund 30 heiligen Bergen ist nie weit. Außerdem verläuft die Große Mauer Tausende Kilometer durch Wälder bis zur Wüste. Am eindrucksvollsten sind aber die Naturwunder im Südwesten Chinas. Von den Avatar Mountains in Hunan über die Yangshou-Karstberge in Guangxi kommst du zur Tigersprungschlucht in Yunnan. Dort auf dem tibetischen Hochplateau geht es erst richtig los mit Naturerlebnissen.

China liegt zwischen Indien und Japan, geografisch wie preislich. Das Essen kann wie überall in Asien sehr günstig sein. Einfache Gerichte in einem Nudelshop oder einer Suppenküche bekommst du ab zwei Euro. Ausgefallene Abendessen wie Hotpot, chinesisches Fondue, können teuer werden. Bier und Reiswein sind günstig, aber Kneipen im Stadtkern haben meist unverschämte Preise. Trinkgeld ist unbekannt und entspricht einer Beleidigung.

Hostels sind weitverbreitet und gut vernetzt. Ähnlich wie in Europa sind viele davon Teil von Hostelling International, dem Dachverband von mehr als 90 Jugendherbergsverbänden. Die günstige Mitgliedschaft lohnt sich schon nach wenigen Nächten. Hol sie dir vor Ort an der Rezeption. Auch sonst ähneln die Hostels in China denen in Europa. Der Transport in China ist komfortabel, aber nicht günstig. Das liegt aber auch an den riesigen Entfernungen. Bezahlbare Inlandsflüge konkurrieren mit Hochgeschwindigkeitszügen zwischen wichtigen Großstädten. Bahnfahren ist beliebt, du buchst daher das Ticket am besten mehrere Tage vorher. Alternativ kannst du auch spontan auf die langsameren Fernbusse ausweichen.

Die Eintrittspreise sind in China ein hoher Kostenfaktor. Jeder Berg und jedes historische Gebäude kostet ordentlich. Das liegt nicht an einem dualen Preissystem. Die chinesischen Touristen zahlen die gleichen Wucherpreise wie wir. Studenten zahlen meist nur die Hälfte. In diesem Fall kann die extreme Sprachbarriere helfen. Als Studentenausweis wird auch manchmal ein deutscher Führerschein oder Ähnliches akzeptiert ...

In China zahlt man mit dem Smartphone. Bargeld wird immer weniger angenommen. Am besten holst du dir vorher *Wechat* und *Alipay*. Die Online-Bezahlsysteme bekommst du mit einer deutschen Kreditkarte als Abwicklungskarte.

China als Reiseziel

Highlights				
Natur	Strand	Monumente	Metropole	Party
★★	–	★★	★★	–
Menschen				
Kulturschock	Küche	Festivals	Verständigung	Geheimtipps
★★	★★	–	–	★★
Kosten				
Bett	Essen	Transport	Eintritte	Alkohol
€€	€	€€	€€€	€€

4. INDIEN UND NEPAL

Indien ist ein Land der maximalen Kontraste. Der massive Kulturschock schreckt viele Reisende ab und zieht andere unwiderstehlich an. Zugegeben, Indien und selbst Nepal sind fordernd und oft unbequem. Für eine Reise zum Subkontinent musst du bereit sein, aber dann gibt es nichts Vergleichbares. Touristen triffst du nur wenige, jedoch nicht aus Mangel an Sehenswürdigkeiten. Viele beinahe unbekannte indische Monumente wären in jedem anderen Land eine große Attraktion. Beeindruckender als selbst das Taj Mahal ist die verlassene Hauptstadt Fatehpur Sikri, nur eine Fahrstunde von Agra entfernt. Die tausend Tempel von Palitana im Bundesstaat Gujarat und die Paläste von Orchha in Nordindien kennen selbst viele Inder nicht.

Und dann warst du noch nicht im Himalaja. In den höchsten Bergen der Welt bekommst du sogar vom indischen Chaos Abstand. Mehrwöchige Wanderungen wie zur Annapurna und zum Everest-Basecamp sind ein Hauptgrund, nach Nepal zu reisen. Auch das Kathmandu-Tal hat viel zu bieten. Indien und Nepal sind günstiger als jedes andere Reiseziel. Die Qualität des Angebots, vor allen an Unterkünften, ist jedoch allgemein schlechter als in Südostasien oder Lateinamerika. Das ist selbst dann so, wenn du mehr bezahlst.

Das gilt nicht für das Essen. Streetfood und günstige Restaurants auf dem Land sind zwar ebenfalls eher schlecht. Doch schon in kleinen Städten bekommst du richtig gutes Essen, spätestens dann, wenn du etwas mehr ausgibst. Am besten bestellst du in einem Restaurant in Indien oder Nepal ein *Thali*. Das ist ein Menü mit Curries des Tages, dazu gibt es Reis oder das Fladenbrot *Chapati*. Das Menü kostet nur ein bis zwei Euro. Wenn du hungrig bist, nimm ein umfangreicheres *Executive Thali*. Alkohol ist oft schwierig zu finden und überraschend teuer, außer in Goa.

Die indische Eisenbahn ist ein Erlebnis. Aber leider sind die Züge auch langsam, und Tickets musst du lange vorher buchen. Abhilfe für Kurzentschlossene schafft die *Foreign Tourist Quota*. Die speziell für ausländische Touristen frei gehaltenen Sitzplätze gibt es jedoch nur für wenige Verbindungen, außerdem ist die Anzahl der Plätze begrenzt. Spontaner und schneller sind Fernbusse. Routen findest du auf *rome2rio.com* und *redbus.in*. Nachtbusse sind wegen der Straßenverhältnisse eher etwas für Masochisten, genauso lokale Busse auf längeren Strecken. Inlandsflüge sind erschwinglich und eine gute Alternative für lange Distanzen.

Für Tuk-Tuks und Taxis wirst du auf jeden Fall zu viel bezahlen, selbst wenn du verhandelst. Das ist aber immer noch nicht teuer, und meist hast du keine Wahl. In Indien kann es eine sehr gute Idee sein, mehrere Tage einen Wagen mit Fahrer zu mieten, um nicht alles auf eigene Faust machen zu müssen. Eintritte können wegen des dualen Preissystems, das für ausländische Besucher höhere Preise ansetzt, teurer sein als erwartet. Unterkünfte in Indien und Nepal findest du schon für zwei bis drei Euro, aber die sind teilweise grottenschlecht. Leider sind auch Mittelklasse-Unterkünfte nicht viel besser. Besonders gilt das in den Metropolen. Am besten meidest du die großen Städte außer Mumbai und Delhi sowieso. Hostels sind eine langsam wachsende Randerscheinung. Nimm für Indien ein Moskitonetz mit, du wirst es in günstigen Unterkünften brauchen.

Indien als Reiseziel

Highlights				
Natur	Strand	Monumente	Metropole	Party
★★	★	★★	★	–
Menschen				
Kulturschock	Küche	Festivals	Verständigung	Geheimtipps
★★	★★	★★	★★	★★
Kosten				
Bett	Essen	Transport	Eintritte	Alkohol
€	€	€	€€	€€

5. MALAYSIA UND SINGAPUR

Spricht man von Sauberkeitswahn und Reglementierungen, fällt häufig das Schlagwort »Singapurisierung«. Aber der Stadtstaat Singapur ist gar nicht so langweilig, wie allgemein behauptet wird. Die Metropole bietet schöne Kontraste zwischen Skyline und Kolonialbauten, zwischen hochmoderner Shopping-Mall und dem zum Essen beliebten altmodischen Hawker-Center. Von der Innenstadt ist es nicht weit zum Dschungel-Trek am MacRitchie-Stausee oder zum Sandstrand auf den vorgelagerten Inseln. Deutlich sind auch die Unterschiede zwischen indischem, arabischem und chinesischem Viertel.

Dieser Vielvölkermix zieht sich die ganze Westküste Malaysias hinauf bis zum Schmelztiegel der Kulturen auf der Insel Penang. Wenn du nur einen Ort in Malaysia besuchen willst, entscheide dich für die koloniale Altstadt von Georgetown auf dieser Insel im Norden des Landes. Hier findest du das angeblich beste Essen Malaysias, und wenn du mich fragst: der ganzen Welt. Die Wanderwege und Strände im Nationalpark sind genauso gut mit dem Busnetz zu erreichen wie einige Highlights der sonst eher überschaubaren Sehenswürdigkeiten in Malaysia.

Das offiziell muslimische Land wird leider von vielen Reisenden ausgelassen. Das ist schade, denn die Bewohner sind sehr offen und genauso freundlich wie im Rest Südostasiens. Für Anfänger bietet das recht entwickelte Land sogar einen der einfachsten Einstiege in Asien. Gründe dafür sind die gute Infrastruktur, der geringe Kulturschock und die sehr guten Englisch-Kenntnisse. Auch ist Malaysia kaum teurer als Thailand.

Zugegeben, Unterkünfte sind leider etwas kostenintensiver als im Nachbarland. Das liegt auch an einer Tourismusabgabe pro Nacht, die du zusätzlich zum Zimmerpreis entrichten musst. Die Pauschale macht sich vor allem bei günstigen Unterkünften bemerkbar. Hostels sind allerdings weitverbreitet, und auf Mehrbettzimmer wird keine Abgabe erhoben. Ebenfalls abgabefrei sind *Airbnbs*, die sich hier ausnahmsweise lohnen können.

Die malaysische Küche ist berühmt für ihren Mix aus Hokkien-Chinesisch, Teochew-Chinesisch, Südindisch, Nordindisch, Indo-Malaysisch und Peranakan. Die Streetfood-Kultur zeigt sich in Hawker-Centers und auf Nachtmärkten. Ein Gericht kostet nur ein bis zwei Euro. Alkohol ist dagegen leider wegen der hohen Steuern fast doppelt so teuer wie in Thailand.

Von A nach B kommst du am besten mit günstigen und modernen Fernbussen. Es gibt zwar ein Eisenbahnnetz, aber die Züge sind langsam und die Verbindungen nicht gerade zahlreich. Das Stadtbusnetz in Penang funktioniert so gut wie das Metronetz in Kuala Lumpur. In den meisten anderen Städten bist du auf bezahlbare Taxis, Motorradtaxis und *Grab* angewiesen. Die Eintrittspreise sind günstig, besonders für Museen und die zahlreichen Nationalparks. Touren kannst du dir auf dem Festland sparen, aber auf Borneo lohnt es sich, eine Tour mitzumachen.

Singapur ist eine der teuersten Städte der Welt. Preisschilder zeigen zwar ähnliche Zahlen wie in Malaysia an. Die Kosten in Euro musst du aber bei der Umrechnung zwischen Singapur-Dollar und malaysischen Ringgit verdreifachen. Meine Empfehlung: Plane nur einen Aufenthalt von zwei bis drei Tagen ein.

Malaysia und Singapur als Reiseziel

Highlights				
Natur	Strand	Monumente	Metropole	Party
★	★★	–	★★	★
Menschen				
Kulturschock	Küche	Festivals	Verständigung	Geheimtipps
★	★★	★	★★	★
Kosten				
Bett	Essen	Transport	Eintritte	Alkohol
€€	€	€	€	€€

6. MEXIKO

Mexiko ist eines der sehenswertesten Länder in Mittelamerika. Die Halbinsel Yucatán mit ihren Traumstränden an der Riviera Maya ist bekannt, genauso die Pyramiden der Azteken, Olmeken und Zapoteken im Landesinneren. Aber lass dir auch nicht die Kolonialstädtchen im bergigen Zentralmexiko entgehen. Reise von dort aus zum Copper Canyon nach Nordmexiko, der fünfmal so groß ist wie der Grand Canyon.

Mexiko ist natürlich touristisch erschlossen. Aber das fällt nur an der Küste und in den bekanntesten Kolonialstädten von Zentralmexiko wie Guanajuato oder Querétaro negativ auf. Das ebenso schöne Silberminenstädtchen Zacatecas ist untouristisch, selbst zum jährlichen *Festival Zacatecas del Folclor Internacional*. Die schnuckelige Kolonialstadt Valladolid liegt nur zwei Stunden entfernt von den schlimmsten Auswüchsen der Tourismusindustrie. Cancún und Playa del Carmen sind hingegen ideal, wenn du dich unter partyhungrige Amerikaner auf »Spring Break« mischen willst.

Mexiko ist entwickelter und teurer als die meisten Schwellenländer. Streetfood ist relativ günstig, vor allem Snacks wie Tacos und Tamales, Teigtaschen mit einer süßen oder herzhaften Füllung. Aber ein richtiges Gericht kostet selbst auf Märkten und in einfachen Restaurants ab vier Euro. Alkohol ist relativ günstig, von Bieren bis Tequila. Trinkgeld ist unüblich, außer im Massentourismus an der Riviera Maya.

Die Metro in Mexiko-Stadt ist wohl die günstigste der Welt. Busse und Minivans decken den Rest des Stadtgebiets ab, auch zur prähistorischen Ruinenstadt Teotihuacán. Sonst spielt der Nahverkehr fast keine Rolle. Die Kolonialstädte sind sehr kompakt. Du kannst selbst die zweitgrößte Stadt Guadalajara, die bekannt ist für die Musik der Mariachi, erlaufen.

Lokale Busse sind sehr günstig. Das sind aber typische »Chicken-Busse« ohne Komfort und mit vielen Stopps. Fernbusse sind hingegen extrem komfortabel und schnell, aber überraschend teuer. Bis vor wenigen Jahren waren Busse das hauptsächliche Transportmittel. Entsprechend häufig fahren sie fast überall hin. Inlandsflüge sind inzwischen auf einem ähnlichen Preisniveau wie die Busse angekommen. Sie sind vor allem zwischen Nordmexiko, Zentralmexiko und Yucatán eine gute Idee.

Mexiko gilt als gefährlich, aber Gewaltverbrechen sind stark lokalisiert. Wegen des Drogenkriegs sind hauptsächlich die Grenzgebiete zu den USA betroffen. Die meisten Mexikaner sind freundlich und hilfsbereit. Mexiko ist ein erstklassiges Land für *Couchsurfing*. Das liegt auch an den eher höheren Übernachtungskosten.

Eintrittsgelder sind meist günstig. Selbst das bekannte anthropologische Museum in Mexiko Stadt kostet fast nichts. Die vielen Eintrittsgelder zu Cenoten, den mit Süßwasser gefüllten Höhlen und Wasserläufen im Kalksandstein, und Pyramiden summieren sich allerdings. Für Touren gibt es an Busbahnhöfen Angebote für Einheimische, zum Beispiel für die Ruta Puuc ab Merida, eine Rundstrecke zu den Maya-Städten Uxmal, Kabah, Sayil und Labná, spanischen Haciendas und den eindrucksvollen Höhlen von Loltún. Teuer ist die spektakuläre Zugfahrt durch den Copper Canyon mit dem El Chepe, selbst wenn du die Touristen-Bespaßung auslässt.

Mexiko als Reiseziel

Highlights				
Natur	Strand	Monumente	Metropole	Party
★★	★★	★★	★	★★
Menschen				
Kulturschock	Küche	Festivals	Verständigung	Geheimtipps
–	★★	★	★	★
Kosten				
Bett	Essen	Transport	Eintritte	Alkohol
€€	€€	€€	€	€

7. MONGOLEI

Endlose Weiten gibt es nicht nur im Weltraum. In der mongolischen Steppe siehst du heute schon, wer morgen zu Besuch kommt. Das größtenteils flache Grasland ist ideal für die heimischen Pferde, von denen es mehr gibt als Menschen in der Mongolei. Gerade mal drei Millionen Menschen leben in diesem Land, das die fünffache Fläche von Deutschland umfasst. Auf der Suche nach Jobs ziehen immer mehr Menschen in die einzige Großstadt des Landes, mittlerweile lebt die Hälfte der Mongolen in Ulan Bator. Ausländische Besucher sind eher selten. Die meisten kommen nach Ulan Bator mit der *Transmongolischen Eisenbahn* auf dem Weg von Peking zum Baikalsee. Von Ulan Bator kommst du mit dem Bus recht schnell zum nahe gelegenen Terelj-Nationalpark, wo du in den typischen Nomadenzelten übernachten kannst. Es gibt außerdem lange Busverbindungen zu den winzigen Provinzhauptstädten. Der Reiz der Mongolei geht allerdings eindeutig von den Nomaden aus, die tief in der Steppe leben. Faszinierend ist natürlich auch die Landschaft – von der Wüste Gobi bis zu den Orchon-Wasserfällen. Dorthin auf eigene Faust zu reisen ist nur mit einem eigenen Fahrzeug oder als Tramper möglich.

Weil das Angebot der öffentlichen Verkehrsmittel begrenzt ist, solltest du deshalb auf jeden Fall an einer geführten Tour teilnehmen. Die Sprachbarriere stellt in der Mongolei ein echtes Problem dar. Es gibt in der Steppe keine Restaurants oder Hotels. Wenn du im Zelt von Nomaden schlafen und essen willst, musst du dich mit den Einheimischen verständigen. Mit Englisch kommst du nicht weiter, mit Russisch nur bedingt. Auf einer Tour organisiert der Guide die Übernachtung und kann auch etwas dolmetschen. Die Preise für eine geführte Tour sind zum Glück relativ günstig. Buche die Tour nicht vor deiner Anreise, sondern vergleiche vor Ort die Preise, die von Gästehäusern und Hostels angeboten werden. Wahrscheinlich triffst du dabei auf andere Reisende, die dasselbe Ziel wie du haben. In den Cafés an der Hauptstraße findest du auch schwarze Bretter, auf denen Tourgruppen Anschluss suchen. Tut euch am besten zu fünf oder sechs Personen zusammen. Mit so einer Gruppe lässt es sich in den für Touren typischen russischen Minibussen gut aushalten. So fallen die Kosten pro Person auf etwa 35 Euro pro Tag. Die restlichen Tage in Ulan Bator oder Terelj fallen, wegen des niedrigen Kostenniveaus der Mongolei, zum Ausgleich umso günstiger aus.

Beim Tourpreis ist alles inklusive: vom Essen über die Unterkunft bis zum Transport. Sogar das Reiten auf Pferden und Kamelen ist mit inbegriffen, wobei das nicht nur Verhandlungssache, sondern auch Geschmackssache ist. Lass dir sagen: Als ungeübter Reiter drei Tage auf dem Pferd zu sitzen ist nicht jedermanns Sache. Touren machen ab etwa sechs Tagen Länge Sinn. Ausgedehntere Routen bis zur Wüste Gobi und zurück dauern elf Tage oder länger. Es gibt ein paar Standardrouten, aber die Touranbieter sind flexibel und gehen auch auf individuelle Wünsche ein.

In die Mongolei zu reisen lohnt sich vor allem von Juni bis August. Wenn du es irgendwie einrichten kannst, versuche zum Nationalfeiertag *Nadaam* vom 11. bis zum 15. Juli in Ulan Bator zu sein. In dieser Zeit finden im Stadion Wettkämpfe im Reiten, Bogenschießen und Ringen statt. Aber auch traditionelle Umzüge, Tänzer und Musiker kannst du auf dem zentralen Sukhbaatar-Platz in der Hauptstadt erleben.

Mongolei als Reiseziel

Highlights				
Natur	Strand	Monumente	Metropole	Party
★★	–	–	–	–
Menschen				
Kulturschock	Küche	Festivals	Verständigung	Geheimtipps
★★	–	★	–	★★
Kosten				
Bett	Essen	Transport	Eintritte	Alkohol
€	€	€€	€	€€

8. PATAGONIEN

Naturerlebnisse musst du in Patagonien nicht lange suchen. Die südlichen Anden in Chile und Argentinien geizen nicht mit Fjorden, Wasserfällen und Vulkanen. Eine besondere Anziehung hat die eisige Inselwelt Feuerlands ganz im Süden. Du musst aber nicht bis an das Ende der Welt reisen. Nur zehn Busstunden brauchst du von Santiago bis Pucón oder Puerto Varas. Hier, in der Seenregion von Chile und Argentinien in Nordpatagonien, findest du alles, was das Outdoor-Herz begehrt. Erwandere Vulkane mit Schneehaube um Bariloche oder Futaleufú. Auf der Insel Chiloé findest du sogar ein Stück einzigartige Kultur.

Bekannte touristische Highlights wie den Perito-Moreno-Gletscher in Argentinien und die Torres del Paine in Chile findest du leider erst viel weiter südlich. Die oft nur geschotterte Carretera Austral in Chile ist der abenteuerlichste Weg, um nach Südpatagonien zu kommen. Besser ausgebaut ist der Highway 40 in Argentinien. Mit rund 40 Stunden Busfahrt von Bariloche bis Ushuaia musst du trotzdem rechnen.

Busse sind leider so teuer wie fast alles in Patagonien. Die Preise in Chile sind sogar höher als bei uns in Europa. Auf der argentinischen Seite bist du meist spürbar günstiger unterwegs – je nachdem, wie der Peso gerade steht. Meide touristische Regionen mit überteuerten Unterkünften und Restaurants. Auch Eintritte in Nationalparks können bei Hotspots teuer werden. Weniger bekannte Nationalparks sind meist gratis und genauso lohnenswert.

Wenn du Patagonien halbwegs bezahlbar erleben willst, bleibe am besten im Norden. So kannst du auch den Massentourismus im Süden vermeiden. Langweilig ist Nordpatagonien sicher nicht. Als Wanderer oder Kletterer kannst du allein im Cochamó-Tal, das auch *Chiles Yosemite* genannt wird, Tage oder Wochen verbringen.

Unterkünfte sind teuer, vor allem beim Wandern. Selbst einfache Refugios mit Massenschlafsaal verlangen auf beliebten Trecks Preise, für die sich Alpenvereinshütten schämen würden. Wenn du sehr viel wandern willst, kaufe dir ein Zelt und einen Schlafsack. Günstige Outdoor-Ausrüstung gibt es in Chile im *Walmart*, der hier *Lider* heißt. Nur in Städten findest du Hostels mit Mehrbettzimmern. In kleineren Orten gibt es günstige *Hostales* mit Privatzimmern.

In Patagonien bietet es sich an, selbst zu kochen. Eine Gemeinschaftsküche gibt es in vielen Unterkünften. Wenn du täglich im Restaurant essen gehst, wirst du selbst beim Mittagsangebot schnell arm. Auch Fast-Food-Snacks wie *Empanadas, Humitas* oder *Completos* sind auf Dauer keine Alternative. Bier und vor allem Wein sind hingegen bezahlbar.

Wenn du nicht trampen möchtest, sind die recht teuren Busse trotzdem die beste Wahl, um Patagonien ohne eigenes Fahrzeug zu erkunden. Eine halbwegs bezahlbare Alternative stellen noch die Navimag-Fähren in Chile dar. Fliegen war bis vor einigen Jahren zu teuer. Mittlerweile gibt es mehrere Billigflieger von Santiago oder Buenos Aires nach Patagonien. Chiles Sky Airline fliegt sogar einzelne preiswerte Strecken innerhalb von Patagonien.

Patagonien als Reiseziel

Highlights				
Natur	Strand	Monumente	Metropole	Party
★ ★	–	–	–	–
Menschen				
Kulturschock	Küche	Festivals	Verständigung	Geheimtipps
–	–	–	★	★
Kosten				
Bett	Essen	Transport	Eintritte	Alkohol
€€€	€€€	€€€	€€	€€

9. SRI LANKA

Wenn dir Indien zu krass ist, dann bist du in Sri Lanka richtig. Sri Lanka ist, was den Kulturschock angeht, »Indien light«, mehr noch als Nepal. Der Inselstaat liegt nur 30 Kilometer vom indischen Festland entfernt. Vieles ist ähnlich, aber fast alles ist entspannter. Sri Lanka muss sich nicht vor Indien verstecken. Die vier alten Hauptstädte und ihr Umfeld im Zentrum der Insel sind sehenswert. Durch den starken buddhistischen Einfluss ist das auch keine Wiederholung der indischen Monumente. Die Architektur Sri Lankas hat mehr Berührungspunkte mit Südostasien. Myanmar und Thailand haben aber bei der Architektur und der Religion von Sri Lanka abgeschaut und nicht umgekehrt.

Auf einer Insel erwartest du natürlich Strände. Die musst du nicht lange suchen. Schon 30 Fahrminuten vom Flughafen entfernt kannst du in Negombo am Strand liegen. Die schöneren Strände findest du jedoch im Südwesten. Leider sind viele davon inzwischen sehr touristisch geworden. Touristenhorden triffst du auch im Zentrum der Insel. Die Felsenstadt Sigiriya ist eine regelrechte Touristenfalle. Besser, du schaust dir den Trubel nur aus der Ferne vom Pidurangala-Felsen aus an, dem kleinen Bruder des Sigiriya-Felsens. Ella im Hochland ist sehr beliebt bei Rucksackreisenden. Das ebenso schöne Haputale ist dagegen weitestgehend touristenfrei und nur eine kurze Bahnfahrt entfernt.

Sri Lanka ist bei den Unterkünften nicht so günstig wie Indien und Nepal. Dafür sind aber auch die Standards merklich höher. Das gilt ebenso für Homestays. Die sind auf Sri Lanka so verbreitet wie in keinem anderen Land. Wir haben fast ausschließlich in Homestays bei Familien mit Gästezimmern übernachtet. Wenn du willst, kannst du im Homestay für wenig Geld Frühstück oder gar Halbpension dazubuchen. Essen ist ansonsten wie in Indien überall verfügbar. In Sri Lanka bekommst du die gleichen Gerichte wie zum Beispiel in Chennai in

Südindien. Alkohol ist ähnlich schwer zu finden wie in Indien, kostet aber etwas weniger.

Die Distanzen sind eher kurz, außer du besuchst den Norden der Insel. Das beste Transportmittel ist oft die Bahn. Im Hochland ist eine Bahnfahrt außerdem ein Erlebnis. Auch lokale Busse fahren häufig. Um längere Strecken zu bewältigen, musst du aber umsteigen. Fernbusse gibt es nicht. Für den Nahverkehr sind Tuk-Tuks alternativlos. Das macht aber nichts. Wir haben noch nirgendwo so gute Erfahrungen mit Tuk-Tuk-Fahrern gemacht wie in Sri Lanka. Selbst für Ausflüge sind sie sehr zu empfehlen.

Wie in Indien und Nepal gibt es ein duales Preissystem bei Sehenswürdigkeiten. Für die alten Hauptstädte musst du mit Eintrittspreisen von jeweils 20 Euro rechnen, auch sonst werden öfter mal zehn Euro fällig. Es gibt viele Tourangebote in die Nationalparks, zum Beispiel eine Safari zu wilden Elefanten. Dafür und für die Walbeobachtung bei Mirissa musst du mit rund 40 Euro pro Person rechnen.

Sri Lanka als Reiseziel

Highlights				
Natur	Strand	Monumente	Metropole	Party
★	★★	★★	–	–
Menschen				
Kulturschock	Küche	Festivals	Verständigung	Geheimtipps
★	★★	★	★★	–
Kosten				
Bett	Essen	Transport	Eintritte	Alkohol
€€	€	€	€€	€

10. SÜDPERU UND BOLIVIEN

Südperu und Bolivien liegen im indigenen Herzen Südamerikas. Im Hochland Perus findest du das Highlight Machu Picchu, die weltberühmte Ruinenstadt der Inkas. Du siehst hier die beeindruckenden Berglandschaften der Anden und im Südwesten Boliviens die unwirklich erscheinende Öde um die Salar Uyuni, die größte Salzwüste der Erde. Auch die riesigen Märkte von Lima und La Paz sowie die koloniale Pracht von Cuzco, Sucre und Potosi sind einen Besuch wert.

Wo früher die Inkas herrschten, gibt es heute Trampelpfade für Rucksackreisende. Du triffst die gleichen Leute dank der ähnlichen Routen immer wieder. Typisch für Südamerika sind die vielen Party-Hostels, vor allem in Cuzco und La Paz. Der Hedonismus kann es locker mit dem in Südostasien aufnehmen – die berühmt-berüchtigte *Full Moon Party* auf der Insel Ko Phangan in Thailand mal ausgenommen.

Südperu und Bolivien sind mit die günstigsten Gegenden in Südamerika. Selbst Alkohol in Kneipen ist sehr bezahlbar, egal ob Bier oder Wein. Trinkgeld ist unüblich. Wie überall in Südamerika gibt es Angebote für Mittag- und Abendessen für unter zwei Euro. Du bekommst dafür ein Menü aus Suppe, Hauptgericht, Nachspeise und zusätzlich ein Getränk. Du findest diese Almuerzos (Mittagessen) und Cenas (Abendessen) auf jedem Markt und in den meisten lokalen Restaurants. Streetfood ist üblich für Snacks. Fernbusse sind das Transportmittel der Wahl, auch zwischen den Ländern. Meist dauert die Fahrt vier bis acht Stunden bis zum nächsten sinnvollen Stopp. Schwerer zu erreichen ist Cuzco im Zentrum des peruanischen Andenhochlands, Ausgangsstadt für den Besuch von Machu Picchu. Inlandsflüge sind in den vergangenen Jahren bezahlbar geworden. In die Pampas-/Amazonasregion von Bolivien fliegst du besser. Fliege aber nicht zwischen den Ländern. Statt nach La Paz fliegst du für einen viel besseren Preis besser nach Juliaca in Peru an der Grenze zu Bolivien. Für kürzere Entfernungen von wenigen Stunden nimmst du Kleinbusse. Mit diesen Collectivos kommst du auch nach Machu Picchu, ohne den Wucherpreis für die Bahnfahrt zu bezahlen. Collectivos sind auch in den Städten das beste Transportmittel, selbst in Lima und La Paz.

Die Eintrittspreise sind günstig, mit Ausnahme vom Tal der Inkas rund um Cuzco: In Machu Picchu und bei der Inka-Festung Sacsayhuamán wirst du ausgenommen, aber der Besuch lohnt sich trotzdem. Für die überteuerte Wanderung auf dem *Inka Trail* gibt es alternative Routen. Auch für den sauteuren Luxuszug nach Machu Picchu gibt es Alternativen.

Bei der Fahrradtour auf der Yungas-Straße, auch *Death Road* genannt, lohnt es sich zu vergleichen. Die Preise bei Touranbietern in La Paz unterscheiden sich um den Faktor vier. Auch bei den Uyuni-Touren zum Salzsee kannst du sparen, wenn du vor Ort vergleichst. Eine sehr gelungene und sehr günstige Tour für Einheimische auf den Berg Chacaltaya mit seinen zwei Gipfeln und in das Tal des Mondes mit seinen bizarren Felsformationen kannst du im Busbahnhof von La Paz buchen.

Hostels sind sehr verbreitet in Südperu und Bolivien. Neben Mehrbettzimmern haben viele Hostels auch Privatzimmer. Pass auf, dass du nicht versehentlich in einem Party-Hostel landest, es sei denn du hast Lust, die ganze Nacht zu feiern.

Südperu und Bolivien als Reiseziel

Highlights				
Natur	Strand	Monumente	Metropole	Party
★★	–	★	★	★★
Menschen				
Kulturschock	Küche	Festivals	Verständigung	Geheimtipps
★	★	★★	★	–
Kosten				
Bett	Essen	Transport	Eintritte	Alkohol
€€	€	€	€	€

11. SÜDWESTEN DER USA

Die USA sind kein Reiseziel, das du speziell einplanen musst. Viele Flüge nach Mittel- und Südamerika gehen über die Vereinigten Staaten von Amerika. Das gilt vor allem von Asien kommend, aber auch von Europa aus. Die USA sind aber auch einen Besuch wert, besonders die Gegend von Kalifornien bis Neu-Mexiko. Der Südwesten der USA ist von der Natur her eine gute Alternative zu Australien – und dabei besser zu erreichen.

Kalifornien kennt jeder. In Los Angeles und San Francisco kannst du Wochen verbringen, ohne dich zu langweilen. Der Hauptgrund, in diesen Teil der USA zu kommen, ist aber ein mehrtägiger Roadtrip zu den zahlreichen Naturwundern. Yosemite, Grand Canyon und Monument Valley kennt jedes Kind. Ebenso schön sind Antelope Canyon, Zion Nationalpark und Bryce Canyon. Wenn du mehr Zeit hast, schau auch zum Arches-Nationalpark, nach Mesa Verde und Taos/Santa Fe. Mit richtig viel Zeit kannst du in Neu-Mexiko verlängern mit Tent Rocks, Gila Cliff und Carlsbad Caverns.

Ohne Mietwagen lässt sich der Südwesten nicht erkunden. Es gibt von Las Vegas aus Touren zu Grand Canyon und Antelope Canyon. Aber weder der hohe Preis noch die vier Stunden einfache Fahrzeit machen Sinn. Du willst oder kannst nicht Auto fahren? Tu dich in *Facebook*-Gruppen, bei *Couchsurfing* oder in Foren mit anderen Reisenden zusammen. Das hilft auch, um Miet- und Benzinkosten zu teilen. Benzin kostet zwar weniger als in Deutschland, bei den Entfernungen kommt trotzdem eine gute Summe zusammen. Falls du keine Mitreisenden findest, beschränke dich auf Kalifornien und Las Vegas. Dorthin fahren viele günstige Fernbusse.

Die Preise für Unterkunft und Essen sind teurer als in Deutschland. Hostels gibt es viele in den Städten, aber sie sind ebenfalls vergleichsweise teuer. Für eine Nacht im Mehrbettzimmer in San Francisco musst du 30 Euro veranschlagen. Couchsurfing ist daher eine gute Alternative. Auf dem Roadtrip wirst du vor allem in Motels schlafen, die alle irgendwie gleich aussehen. In der Pampa findest du bezahlbare Doppelzimmer ab etwa 40 Euro inklusive Frühstück.

Mexikanisches Essen vom *Taco Truck* kann günstig sein, aber selbst da zahlst du mindestens fünf Euro. Für ein Essen im Restaurant sind 15 Euro schnell weg. Zu den Preisen auf der Speisekarte kommen noch die Steuern und ein hohes Trinkgeld. Zehn Prozent Trinkgeld gibst du für schlechten Service. 15 Prozent sind normal und 20 Prozent sind für guten Service. Der Service ist natürlich wegen der Trinkgelder meist super. Wenn du deutsche Kellner gewohnt bist, nervt die ständige Aufmerksamkeit sogar. Alkohol ist viel teurer als in Deutschland. Wenn du weniger als fünf Euro für ein kleines Bier in einer Kneipe zahlst, kannst du dich glücklich schätzen.

Die USA sind ein teures Pflaster, und *Slow Travel* ist dort ausnahmsweise fehl am Platz. Jedes Tagesbudget entspricht mehreren Tagen in Asien oder Lateinamerika. Wenn du sparsam sein willst, klappere schnell deine Ziele ab und reise weiter in ein Land mit einem niedrigeren Preisniveau. Wenn du in San Diego in Kalifornien die Straßenbahn nach Tijuana in Mexiko nimmst, ist dein Geld plötzlich viel mehr wert.

Südwesten der USA als Reiseziel

Highlights				
Natur	Strand	Monumente	Metropole	Party
★★	★	–	★★	★
Menschen				
Kulturschock	Küche	Festivals	Verständigung	Geheimtipps
–	★	–	★★	–
Kosten				
Bett	Essen	Transport	Eintritte	Alkohol
€€€	€€€	€€€	€€	€€€

12. THAILAND

Thailand ist das beliebteste Reiseziel für Rucksackreisende. Du findest in dem Königreich einen tollen Mix aus Kultur, Natur und Strand. Bangkok ist für mich die abwechslungsreichste Stadt der Welt. Leider wütet in den Hochburgen im Süden der Massentourismus. Es gibt aber selbst in Südthailand noch viele ruhige Flecken, vor allem auf dem Festland. Der Rest des Landes ist bis auf wenige Ausnahmen wie Chiang Mai, Pai und Kanchanaburi wenig touristisch.

Neben dem Reiseveranstalter-Tourismus gibt es in Thailand aufgrund der hohen Zahlen sogar einen Rucksack-Pauschaltourismus. Hostels sind gleichzeitig Touranbieter, Kneipe und Restaurant. Außerdem organisieren sie Transporte in Touristenbussen zur nächsten Enklave, in das nächste Hostel. Vor allem junge Reisende werden in dieser Blase gehalten mit dem Ziel, dass sie möglichst viel Geld im jeweiligen Hostel ausgeben. Günstiger und interessanter ist es, auf eigene Faust zu reisen und lokal zu essen. Am besten betrachtest du Hostels hauptsächlich als Unterkunft. Oder besser noch: Du übernachtest in einem Gästehaus.

Thailand wird schon seit Jahrzehnten von Rucksackreisenden besucht. Es gibt viele inhabergeführte Gästehäuser. Ein kleines Doppelzimmer kostet dort rund fünf Euro und damit weniger als ein Bett im Schlafsaal von einem Hostel. Viele dieser Gästehäuser sind nicht im Internet zu finden oder gar buchbar. Du findest sie nur vor Ort oder über *Wikivoyage*. Ich habe deshalb in Thailand noch keine Unterkunft online gebucht.

Lokales Essen ist noch günstiger als woanders in Südostasien. Eine warme Mahlzeit kostet selten mehr als einen Euro und »Thai Barbecue All You Can Eat« gibt es für fünf Euro. Alkohol ist aber teurer als in Europa. In gehobenen Restaurants kommen Steuern und obligatorisches Trinkgeld automatisch zum Preis dazu. Ansonsten ist Trinkgeld unüblich.

Der Nahverkehr mit Bussen und Pritschenwagen (Songthaews) kostet nur rund 25 Cent pro Fahrt. Selbst Taxis sind erstaunlich günstig. Eine halbe Stunde Taxi mit eingeschaltetem Taxameter kostet in Bangkok rund fünf Euro. Ein Tuk-Tuk für die gleiche Strecke wäre viel teurer, aber das liegt an den Betrugsmaschen von Tuk-Tuk-Fahrern gegenüber Touristen. An untouristischen Orten sind Tuk-Tuks okay.

Inlandsflüge sind günstig, oft auch noch wenige Tage vor Abflug. In Thailand lohnt es sich jedoch, über Land zu reisen. Fernbusse fahren zu fast jedem Ort und in die Nachbarländer. Züge sind langsamer und fahren nicht so häufig. Du findest Routen auf *rome2rio.com* oder auf *thaiticketmajor.com*. Oder gehe einfach zum Busbahnhof und warte dort auf den nächsten Bus. Thailand ist ein Traumland für spontanes Reisen ohne vorherige Planung, egal ob es sich um die Unterkunft oder den Transport handelt.

Die meisten Eintrittsgebühren für Attraktionen sind in Thailand günstig. Leider gibt es ein duales Preissystem, aber auch die Ausländerpreise sind noch bezahlbar. Thailand kannst du ideal auf eigene Faust erkunden. Der einzige Grund für geführte Touren ist das Expertenwissen der Guides. Das lohnt sich aber nur für Dschungel-Trekking und Tauchausflüge.

Thailand als Reiseziel

Highlights				
Natur	Strand	Monumente	Metropole	Party
★	★★	★	★★	★★
Menschen				
Kulturschock	Küche	Festivals	Verständigung	Geheimtipps
★	★★	★★	– / ★★	–
Kosten				
Bett	Essen	Transport	Eintritte	Alkohol
€	€	€	€	€€

13. VIETNAM

Vietnam steht bei älteren Generationen für einen brutalen Krieg. Jüngere Generationen denken eher an endlose Sandstrände, quirlige Städte und die Halong-Bucht mit ihren knapp 2000 verwitterten Kalkfelsen. Weil Kriege in Vietnam eher die Regel als die Ausnahme waren, gibt es leider kaum sehenswerte Monumente. Die Kaiserstadt Hue ist nett, wurde aber ebenfalls zum großen Teil im Krieg zerstört. Wenn du Ruinen magst, verbinde eine Reise nach Vietnam mit Angkor Wat in Kambodscha. Dort kannst du dich sattsehen. Angkor kannst du natürlich auch von Thailand aus besuchen.

Vietnam ist auf meiner Highlight-Liste, weil es richtig schöne Natur bietet. Schon eine Runde mit dem Roller im zentralen Hochland rund um Dalat ist ein Erlebnis. Manche Rucksackreisende machen sogar eine mehrtägige Motorradtour mit dem Motorrad-Reiseveranstalter »Easy Riders«. Beliebt sind auch das Mekong-Delta im Süden, die Berge bei Sapa im Norden und die Höhlen von Phong Nga im Zentrum. In der berühmten Halong-Bucht treffen die in der Region verbreiteten Karstfelsen auf das Meer. Eine gute Alternative zu dem heftigen Massentourismus in der Bucht ist die kleine Insel Cat Ba. Von dort kannst du eine Bootstour machen oder den Trubel entspannt aus der Ferne beobachten.

Apropos Tourismus: In Vietnam sind die Trampelpfade besonders ausgetreten. In dem schmalen Land ist es schwerer, der immer gleichen Route zu entkommen, als selbst in Bolivien oder Thailand. Du triffst oft die gleichen Leute am nächsten Ort wieder. Das ist natürlich super, wenn du Anschluss suchst. Es gibt sogar neben normalen Fernbussen zusätzlich Backpacker-Busse mit Hop-On-Hop-Off-Ticket. Zwischen Saigon und Hanoi fährt auch eine Bahn an der Küste entlang. Die ist allerdings recht teuer. Vietnam ist noch eine Spur günstiger als Thailand, vor allem bei den Unterkünften. Viele Hotels kosten nur wenig mehr oder manchmal sogar weniger als ein Hostel. Das ist auch gut so, wenn du nicht mehr in den Zwanzigern bist, denn die Hostels sind vor allem für sehr junge Backpacker ausgelegt. Es sind sicher keine Party-Hostels wie in Südamerika, aber es ist nachts schon was los.

Auch das Essen ist günstig, allerdings wirst du dich schwertun, nur mit Streetfood klarzukommen. Es gibt auf der Straße einige leckere Gerichte, aber leider keine so große Auswahl wie in Thailand. Im Restaurant ist das Essen zwar vielfältig, aber nicht mehr so günstig.

In Hanoi gibt es das günstigste Bier der Welt. Das Frischbier Bia Hoi wird von jeder noch so kleinen Kneipe selbst gebraut. Ein Glas kostet keine 25 Cent. Tschechen brachten während des kalten Kriegs die Braukunst nach Nordvietnam. Die Eintrittspreise sind wie in Südostasien gewohnt günstig. Es gibt aber wirklich nicht so viel zu sehen. In den meisten Museen dreht sich alles um den amerikanischen Krieg, wie er in Vietnam heißt. Touren sind ebenfalls günstig. Du wirst vor allem einige Bootstouren machen wie in der Halong Bay, in der Bucht von Phong Nga und im Mekong-Delta. Die Cu-Chi-Tunnel-Tour ist eine Touristenfalle mit extra für Touristen ausgehobenen Tunneln und vielen Zusatzverkäufen. An Land kannst du fast alles auf eigene Faust erkunden.

Vietnam als Reiseziel

Highlights				
Natur	Strand	Monumente	Metropole	Party
★ ★	★ ★	–	★	★ ★
Menschen				
Kulturschock	Küche	Festivals	Verständigung	Geheimtipps
★	★	–	–	–
Kosten				
Bett	Essen	Transport	Eintritte	Alkohol
€	€€	€	€	€

VII.

BEREITE DEINE
WELTREISE VOR

Für eine Weltreise musst du mehr vorbereiten als für einen Kurzurlaub. Das hast du schon in den bisherigen Kapiteln gemerkt. Bisher ging es um die Grundlagen lange vor der Weltreise wie Arbeit und Wohnung, um Reisedauer und -partner. Es gibt zusätzlich eine Reihe von organisatorischen Sachen, die du in den Monaten vor Reisebeginn erledigen solltest.

Anfangen solltest du mit der konkreten Reisevorbereitung möglichst schon ein halbes Jahr vor der Reise. Auch kürzere Zeiten sind möglich, aber dann wird es mit den Impfungen knapp. Einen Beispiel-Zeitplan findest du unten. Alle Schritte werden in diesem Kapitel erklärt.

Sechs Monate vor der Reise

- beim Tropeninstitut mit Reise-Impfungen anfangen;
- bei Kündigung dem Arbeitgeber Bescheid sagen und Kündigungsfrist im Kalender markieren;
- bei Untervermietung den Vermieter um Erlaubnis fragen;
- bei Wohnungsauflösung die Kündigungsfrist im Kalender markieren und anfangen, Sachen zu verkaufen;
- Freunde und Familie einweihen oder auch erst später.

Drei Monate vor der Reise

- wenn nötig einen neuen Reisepass beantragen;
- Konten eröffnen für Reise-Kreditkarten;
- laufende Verträge zum Abreisedatum kündigen;
- spätestens jetzt Job kündigen und sich bei Agentur für Arbeit melden;
- bei Untervermietung die Wohnung in ein Portal stellen;
- bei Wohnungsauflösung Miet-LKW bestellen.

Zwei Monate vor der Reise

- Reise-Kreditkarten einrichten und testen;
- bei Bedarf Rucksack bestellen;
- Reisekamera bestellen und testen;
- mit der Flugsuche anfangen und beobachten;
- bei Wohnungsauflösung Sperrmüll anmelden.

Einen Monat vor der Reise

- bei Bedarf ein Visum für das erste Reiseland beantragen;
- internationalen Führerschein beantragen;
- Rucksack probepacken und fehlende Dinge bestellen;
- Abschiedsparty organisieren.

Zwei Wochen vor der Reise

- letzten Arbeitstag genießen;
- Apps installieren und digitale Packliste abhaken;
- Nachsendeauftrag einreichen;
- US-Dollar besorgen;
- Auslandskrankenversicherung abschließen;
- bei Wohnungsauflösung ausmisten und renovieren.

Eine Woche vor der Reise

- verbleibende Sachen einlagern;
- Wohnung übergeben und bei Freunden schlafen;
- beim Meldeamt den Wohnsitz abmelden;
- gesetzliche oder private Krankenkasse kündigen;
- vergessene Verträge mit Abmeldebestätigung kündigen;
- Vorsorgevollmacht mit Bevollmächtigtem aufsetzen;
- Dokumente in der Cloud sichern;
- eventuell erste Nacht nach Ankunft buchen;
- bei der Arbeitsagentur wieder abmelden.

1. REISEPASS UND WICHTIGE DOKUMENTE

Wenn du noch keinen Reisepass hast, bestell gleich den großen mit 48 statt 32 Seiten. Der kleine Reisepass ist nach einer Weltreise fast voll, obwohl er noch Jahre gültig wäre. Dein Reisepass muss für die Einreise im letzten Land der Weltreise noch mindestens sechs Monate gültig sein. Offiziell ist von sechs bis acht Wochen Bearbeitungszeit die Rede, aber in der Praxis hatte ich meinen neuen Reisepass immer nach zwei Wochen.

Der Reisepass ist das Einzige, was du wirklich nicht verlieren darfst. Alles andere kann ersetzt werden. Der Reisepass kann auch ersetzt werden, aber das ist eine mehrwöchige Aktion. Du musst dafür zur örtlichen Polizei und den Verlust melden. Danach musst du eine deutsche Botschaft oder ein Konsulat finden, das zur Ausstellung eines Passes ermächtigt ist, und dort den neuen Pass beantragen. Und schließlich musst du noch das aktuelle Visum neu besorgen. Das alles geht schneller mit Fotos aus dem verlorenen Pass.

Sichere deinen Reisepass und das jeweils aktuelle Visum regelmäßig in einen Online-Speicher in der Cloud. Allgemein solltest du alle deine wichtigen Dokumente vor und während der Reise in der Cloud ablegen.

Das geht zum Beispiel bei den kostenlosen Angeboten *Dropbox, Box, OneDrive* oder *Google Drive*. Du musst keinen perfekten Scan in 1200 DPI machen. Ein Foto mit dem Handy bei ausreichender Beleuchtung reicht schon. Die App *CamScanner* richtet das Bild automatisch aus und speichert es als PDF. Als krummes Foto passt es aber auch. Wenn du auf der Reise selbst fahren willst, brauchst du einen internationalen Führerschein. Gehe mit Personalausweis oder Reisepass, einem biometrischen Passfoto und dem deutschem Führerschein zur Zulassungsstelle. Dort bekommst du den drei Jahre gültigen internationalen Führerschein ausgestellt. Das kann je nach Ort sofort passieren oder eine Woche dauern und kostet zwischen 15 und 60 Euro. Den internationalen Führerschein musst du auf der Reise zusammen mit dem nationalen Führerschein vorzeigen. Wenn du in Thailand fahren willst, bestehe auf dem internationalen Führerschein nach dem Abkommen von 1926. Der normale internationale Führerschein nach dem Abkommen von 1968 wird dort nicht mehr anerkannt. Der von 1926 gilt leider wiederum für viele andere Länder nicht, also brauchst du im Zweifelsfall beide.

Ein häufig vergessenes Dokument ist die Vorsorgevollmacht. Du kannst eine Vertrauensperson bestimmen, die dich während deiner Abwesenheit vertreten kann. Wähle nur jemanden, dem du voll vertrauen kannst. Dein Bevollmächtigter meldet dich vor deiner Rückkehr beim Meldeamt und bei der Agentur für Arbeit wieder an. So hast du sofort wieder eine deutsche Krankenversicherung. Das gilt selbst dann, wenn du im schlimmsten Fall schwer verletzt zurückkommst. Die Vollmacht sollte mindestens für Postangelegenheiten und Behördengänge gelten.

Welche Optionen du einschließt, kannst du frei wählen. Weitere sinnvolle Einzelvollmachten sind Gesundheitsfragen und die Vertretung vor Gericht. Es ist sogar die Vertretung bei Bankangelegenheiten möglich, aber nötig ist das nicht. Es gibt auf der Webseite des Justizministeriums einen Vordruck für eine Vorsorgevollmacht mit einzeln anwählbaren Einzelvollmachten. Die Vollmacht ist ohne notarielle Beglaubigung gültig, bis auf Ausnahmen wie Immobilienkäufe.

DIESE DOKUMENTE SOLLTEST DU FÜR ALLE FÄLLE IN DER CLOUD SICHERN:

- Reisepass-Hauptseite und aktuelle Visa;
- Auslandskrankenversicherung;
- Impfpass;
- Abmeldebescheinigung;
- Infoblatt mit wichtigen Rufnummern und Daten;
- Flugtickets während der Reise.

2. VISA UND EINREISEERLAUBNIS

Touristen-Visa sind Einreiseberechtigungen, die du für zahlreiche Länder außerhalb Europas brauchst. Am einfachsten zu bekommen sind Visa-on-Arrival und Einreisestempel, die du ohne Voranmeldung bei der Einreise erhältst. Außerdem gibt es elektronische Visa, die du ein paar Tage vorher beantragen musst und ebenfalls bei Einreise erhältst. In die meisten Länder kannst du so stressfrei einreisen.

Schwieriger sind die rund 30 verbleibenden Länder, für die du dir unbedingt vorher ein Visum besorgen musst. Die meisten davon sind in Afrika und auf der arabischen Halbinsel. Für Reisende wichtig sind vor allem Kuba, Russland und China (außer Hongkong und Macao). Das Visum bekommst du auf der Botschaft oder im Konsulat des jeweiligen Landes. Meist ist eines der Nachbarländer die beste Anlaufstelle. Es ist allein schon wegen der begrenzten Gültigkeitsdauer unmöglich, alle deine Visa vor der Abreise zu beantragen.

Auch in Ländern mit Einreisestempel, Visa-on-Arrival oder e-Visum kann es sich lohnen, vorher zur Botschaft zu gehen, um ein richtiges Visum zu erhalten. Die Visa von der Botschaft erlauben oft längere Aufenthalte oder mehrere Einreisen. In Vietnam zum Beispiel kannst du aktuell nur 14 Tage mit dem Einreisestempel bleiben. Mit dem vorher in die Wege geleiteten Touristenvisum sind es bis zu drei Monate.

Einreisestempel sind gratis, e-Visa zahlst du online und normale Visa in der jeweiligen Währung des Landes, in der sich die Botschaft befindet. Für die Visa-on-Arrival musst du bei Einreise einen Betrag von 25 bis 50 US-Dollar bezahlen. Statt Dollar gehen manchmal auch Euro oder die Landeswährung. Mitgebrachte Dollar sind am einfachsten und meist günstiger als Euro. Am besten hast du einen Vorrat dabei.

Manche Grenzbeamte verlangen an der Landgrenze ein Bestechungsgeld. Habe dafür ein paar Dollar Kleingeld dabei. Verhandle ruhig, aber die Beamten sitzen am längeren Hebel, und dein Bus wartet nicht. An der einzigen Landgrenze zwischen Laos und Kambodscha zahlst du zum Beispiel einen Dollar bei der Ausreise, zwei Dollar für eine »Gesundheitsinspektion« und zwei Dollar bei der Einreise ...

Die Bestimmungen für Visa ändern sich dauernd und sind für Deutsche, Österreicher und Schweizer unterschiedlich. Es kann dir leider niemand abnehmen, dich für jedes Land einzeln und zeitnah zu informieren. Recherchiere die Typen der verfügbaren Visa mit entsprechender Aufenthaltsdauer. Schau außerdem nach, ob Verlängerungen möglich sind. In vielen Ländern kannst du vor Ort bei der Immigrationsbehörde noch einen Monat anhängen. Eine Alternative dazu ist ein *Visa Run*. Das ist ein kurzer Besuch des Nachbarlandes mit einem Reset des Visums. Das geht aber nicht in allen Ländern.

Viele Touranbieter vor Ort bieten einen Visaservice an, und daheim gibt es Online-Dienste für Visa. Die Gebühren dafür sind oft noch einmal so hoch wie die Visagebühr. Außerdem musst du Dritten deinen Pass anvertrauen. Besorge deine Visa besser direkt bei der Botschaft. Schicke deinen Pass auch nicht mit Einschreiben hin und her. Da gehen immer wieder Pässe verloren.

VISA FÜR DEUTSCHSPRACHIGE REISENDE AUSSERHALB DER EU

Je nachdem ob du aus Deutschland, Österreich oder Schweiz kommst, gelten andere Visaregeln. Die aktuellen Länderspiegel der verschiedenen Visa-Typen für Deutschland/Österreich/Schweiz sind laut *Wikipedia*:

- 88/83/83 Länder: Einreisestempel
- 33/32/33 Länder: Visa-on-Arrival
- 09/11/10 Länder: elektronische Visa
- 32/36/36 Länder: Visa benötigt

Deutsche bekommen aktuell in 88 Nicht-EU-Ländern einen Einreisestempel – Österreicher und Schweizer nur in 83 Ländern (aber nicht unbedingt in den gleichen).

3. IMPFUNGEN UND REISEAPOTHEKE

Gehe schon ein halbes Jahr vor der Reise zum Tropeninstitut. Für manche Impfungen brauchst du mehrere Injektionen, die über Monate verteilt sind. Hör dir auf jeden Fall an, welche Impfungen der Experte für deine Route vorschlägt. Ich bin kein Experte und kann nur aus meiner eigenen Erfahrung erzählen.

Suche vorher deinen Impfausweis, in dem die Standard-Impfungen eingetragen sind. Wahrscheinlich bist du schon gegen Tetanus, Diphtherie und Polio per Kombi-Wirkstoff geimpft. Du musst die Impfung aber alle zehn Jahre auffrischen. Einen weiteren Kombi-Wirkstoff gibt es für Mumps, Masern und Röteln. Die Standard-Impfungen werden von der Krankenkasse bezahlt. Alle anderen musst du auslegen und anschließend bei der Krankenkasse einreichen, die dann die Impfung ganz oder zum Teil bezahlt. Manche Krankenkassen zahlen leider gar nichts, dann musst du ganz selbst zahlen.

Eine empfohlene Reise-Impfung wirkt gegen Hepatitis A und B. Diese beiden Impfungen solltest du machen, egal für welches Reiseziel du dich entscheidest. Ebenfalls für alle Reiseziele wichtig ist die Impfung gegen Tollwut. Diese in Entwicklungsländern häufige Krankheit wird vor allem durch Straßenhunde übertragen und endet in wenigen Tagen tödlich.

Speziell für tropische Regionen in Südamerika und Afrika brauchst du eine Gelbfieberimpfung. Das ist die einzige Impfung, die bei der Einreise in manchen Ländern geprüft wird. Es reicht aber auch eine Bescheinigung eines Arztes in Englisch, dass du eine Gelbfieberimpfung nicht verträgst. Nimm auf jeden Fall deinen Impfpass mit auf die Weltreise.

Eine Typhus-Impfung ist unnötig. Die Krankheit lässt sich mit Antibiotika behandeln und du wirst wahrscheinlich sowieso kein verseuchtes Trinkwasser trinken. Außerdem wirkt die Impfung gar nicht immer. Ebenfalls selten geimpft wird gegen die Japanische Enzephalitis.

Für die Reiseimpfungen Hepatitis A und B, Tollwut und Gelbfieber kommen knapp 500 Euro an Kosten zusammen. Nur wenige Krankenkassen übernehmen vollständig die Impfkosten für eine Weltreise. Bei der *Barmer Ersatzkasse* bin ich auf allen Kosten sitzen geblieben. Du willst sowieso die Krankenkasse wechseln? Geh noch vor den Impfungen zur *Techniker Krankenkasse*. Die übernehmen alle Impfungen zu 100 Prozent, wenn du zu Kassenärzten gehst.

Wenn du die Impfungen selbst zahlen musst, kannst du sie auch im Ausland machen lassen. In Bangkok zum Beispiel bietet das jedes private Krankenhaus an, und zwar günstiger als in Deutschland. Auch bei Zeitmangel ist das eine Option.

Gegen Dengue-Fieber und Malaria gibt es noch keine verlässliche Impfung. Malaria-Prophylaxe macht auf einer Weltreise keinen Sinn.

Auch Stand-By-Medikamente wie *Malarone* sind fragwürdig. Lass das Selbstbehandeln nach dem Zufallsprinzip und geh bei Fieber zum Arzt. Den gibt es sogar in Timbuktu in Mali.

Der wichtigste Bestandteil deiner Reiseapotheke ist das Fieberthermometer. Packe außerdem *Ibuprofen* oder *Paracetamol* gegen Fieber und Schmerzen ein. Sonnencreme und Mückenspray sind ebenfalls wichtig. Bei Verletzungen helfen nichtbrennendes *Povidon-Jod* und Pflaster. Ebenfalls sinnvoll ist *Loperamid* gegen Durchfall. Nimm das aber nur, wenn du unterwegs bist. Wenn du am gleichen Ort bleibst, behandle den Durchfall besser mit Wasser- und Elektrolyt-Zufuhr. Alle diese Dinge bekommst du überall auf der Welt. Ein riesiges Erste-Hilfe-Paket musst du nicht mitschleppen.

WICHTIGE IMPFUNGEN

- Tetanus, Diphtherie und Polio,
- Mumps, Masern und Röteln,
- Hepatitis A und B,
- Tollwut,
- Gelbfieber (Südamerika und Afrika).

4. GEBÜHRENFREIE KREDITKARTE

Wenn eine Girocard überhaupt an deinem Reiseziel akzeptiert wird, sind die Gebühren höher als bei Kreditkarten. Einige Kreditkarten sind weitgehend gebührenfrei, sogar die Jahresgebühr entfällt.

Achte bei der Auswahl der Kreditkarte darauf, welche Kosten für den Auslandseinsatz und Fremdwährungseinsatz anfallen. *Santander* erstattet als einzige Bank Fremdnutzungsgebühren am Geldautomaten im Ausland. *DKB, comdirect* und *N26* erstatten die etwa fünf Euro pro Abhebevorgang nicht mehr. Bei manchen Geldautomaten wird diese Gebühr aber gar nicht erhoben.

Die *Santander* Kreditkarte hat andere Nachteile. Das Tageslimit ist mit 300 Euro niedrig. Es ist zudem schwer und langwierig, sie überhaupt zu bekommen, mit vielen Angaben und Gehaltsbelegen. Wie bei jeder echten Kreditkarte wird der Saldo nicht automatisch am Monatsende ausgeglichen. Wenn du nicht aktiv jeden Monat selbst überweist, werden auf den Restbetrag hohe Dispo-Zinsen fällig. Das Problem hast du bei Debit- und Charge-Karten mit zugehörigem Girokonto nicht.

Ansonsten lohnen sich noch die Kreditkarten von *DKB, Barclaycard, Norisbank* und *Advanzia*. Einen Vergleich findest du in der Infobox. Am besten eröffnest du gleich drei Konten. Denn nicht alle Karten funktionieren überall, und es kann alles Mögliche schiefgehen.

Stell dir vor, du findest deine Kreditkarte auf der Reise einfach nicht mehr. Sie ist weg. Du rufst natürlich die Sperrnummer an 0049/116 116. Kaum legst du auf, findest du die Karte in der anderen Hose. Sie ist aber jetzt nutzlos, und es dauert Wochen, bis du Ersatz bekommst. Ersatzkarten werden nicht ins Ausland geschickt. Das heißt, eine Vertrauensperson in Deutschland muss sie für dich postlagernd verschicken.

Noch schlimmer ist es, wenn du die Karte nicht sperren lässt, weil du hoffst, sie wiederzufinden. Das ist fahrlässig, und deine Bank muss für Missbrauch nicht mehr haften. Du trägst das hohe finanzielle Risiko allein, wenn es sich andere mit deiner Kreditkarte gut gehen lassen.

Bei *DKB* und *Comdirect* kannst du auch ohne Wohnsitz in Deutschland ein Konto eröffnen, sogar noch vom Ausland aus. Bei allen anderen Banken musst du das unbedingt noch zu Hause vor der Abmeldung machen. Eröffne alle Konten rechtzeitig und teste die Karten und Online-Zugänge, auch das Zahlen mit *Verified by VISA* und *Mastercard SecureCode*.

Gebührenfreie Kreditkarten für Reisende

	Bank	Abheben	Bezahlen	Karte	Typ	Konto
1	Santander[1]	0%	0%	VISA	Kredit	nein
2	DKB[2]	0%	0%	VISA	Charge	ja
3	Norisbank	0%	0%	Mastercard	Debit	ja
4	Barclaycard	0%	0%	VISA	Kredit	nein
5	Advanzia[3]	0%	0%	Mastercard	Kredit	nein
6	Comdirect[4]	0%	1,75%	VISA	Charge	ja
7	ICS	0%	2,00%	VISA	Kredit	nein
8	N26	1,75%	0%	Mastercard	Debit	ja

[1] keine Fremdgebühren, 300 Euro Tageslimit bei Abhebung
[2] Gehaltskonto: 700 Euro Mindesteingang pro Monat
[3] Abhebungen sofort ausgleichen, sonst hohe Zinsen
[4] schlechter Wechselkurs

Achtung: Banken ändern ihre Konditionen sehr häufig. Die aktuelle Tabelle findest du auf *flocutus.de/gebuehrenfreie-kreditkarte-ausland*.

5. PACKTIPPS UND LEICHTES REISEN

In jedem Reiseblog findest du eine Packliste. Manchmal gibt es sogar mehrere Listen für alle möglichen Zwecke und Reiseziele. Reiseblogger verdienen mit Packlisten durch Partnerlinks Geld. Kein Wunder also, dass die Listen oft vollgepackt sind mit eher hochpreisigen Artikeln, die größtenteils optional oder gar überflüssig sind. Die meisten Packlisten kannst du ignorieren, auch die im Anhang dieses Buches.

Verabschiede dich außerdem von dem Gedanken, alles neu zu kaufen. Was du daheim im Alltag trägst, das taugt auch für Bolivien und China. Und geh bloß nicht zum nächsten Outdoor-Geschäft. Die schwatzen dir den halben Laden auf. Du brauchst weder Daunenschlafsack noch imprägnierte *Goretex*-Softshell-Jacken. Eine Weltreise ist keine Expedition. Lass dich nicht mit Funktionskleidung, Wanderstiefeln und Trekking-Rucksack auf Weltreise erwischen, außer du läufst den ganzen Weg. Alle normalen Wanderungen auf einer normalen Weltreise kannst du mit leichten Trailrunnern machen. Meist reichen sogar Sneaker und Alltagsklamotten. Campingsachen kannst du unterwegs günstig mieten, egal ob in Peru oder Nepal.

»Wer glücklich reisen will, muss leicht reisen.«

ANTOINE DE SAINT-EXUPÉRY

Wichtig ist dein Rucksack. Er sollte 40 bis 50 Liter fassen, und maximal ein Kilo wiegen. Bei zehn Kilo Gesamtgewicht brauchst du kein Tragesystem. Lege aber Wert auf einen guten Hüftgurt und trage zwei Drittel vom Gewicht auf der Hüfte. Wenn du etwas Geld ausgeben willst, suche einen Rucksack aus *Dyneema Ripstop*, auch bekannt als *DXG*, *Spectra* oder *Trishield*. Aus dem leichten und haltbaren Material werden auch Kletterseile gemacht.

Auch die Rucksäcke der günstigen Eigenmarke *Quechua* von *Decathlon* sind haltbar genug, aber schwerer als *Dyneema*. Als kleiner Tagesrucksack reicht ein leichter Seiden-Rucksack. Den trägst du auf dem Bauch für deine Wertgegenstände und Elektronik. Wenn du einen Laptop mitnimmst, nimm einen robusteren Tagesrucksack .

Sonst brauchst du nicht viel. Packe Klamotten für gut eine Woche ein mit Ersatzhose und Ersatzschuhen. Lass die Winterjacke daheim und kombiniere mehrere dünne Fleece-Pullis oder Langarm-Shirts nach dem Zwiebelprinzip. Nimm statt einer Regenjacke einen atmungsaktiven Windstopper plus Regenschirm. Statt einer Mütze reicht ein multifunktionales Buff-Schlauchtuch. Du kannst unterwegs für wenig Geld waschen und nähen lassen. Wenn du etwas vergisst, kannst du es günstig nachkaufen.

Spezielles Reisezubehör brauchst du kaum. Nimm Plastiktüten oder Zip-Locks statt Packtaschen und Kulturbeutel. Besorge dir ein Reisehandtuch und ein Vorhängeschloss für einfache Unterkünfte. Im Drogeriemarkt findest du Reisepackungen mit 100 Milliliter oder weniger für Shampoo und Zahnpasta. Vergiss Mückenspray und Sonnencreme nicht, ebenfalls in Packungen zu 100 Milliliter. Wenn du nach Südasien, Afrika oder Zentralamerika reist, nimm ein Moskitonetz plus Aufhängung mit. Alles, was du für eine Weltreise brauchst, passt in ein Handgepäckstück. Bei Billigfliegern musst du für Aufgabegepäck bezahlen. Selbst bei klassischen Airlines wird auf Kurzstrecken oft ein Aufpreis fällig. Gib einfach kein Gepäck auf. Mit Handgepäck zu reisen spart Geld, Zeit und Nerven. Zehn bis elf Kilo reichen aus, egal ob deine Reise zwölf Tage oder zwölf Monate dauert. Der Großteil der Fluggesellschaften schreibt dafür die Maße von maximal 55 x 40 x 20 cm vor, einige liegen aber auch darunter. Beim Gewicht liegst du mit sieben Kilo in einem Bereich, der fast alle Fluggesellschaften abdeckt. Nur einzelne Airlines wie *Air China* schreiben ein geringeres Gewicht von fünf Kilo vor. Das wird aber selten überprüft.

Du kannst neben dem Handgepäck bei den allermeisten Fluggesellschaften einen persönlichen Gegenstand mitnehmen. Das sind kleine Gepäckstücke wie zum Beispiel eine Laptoptasche oder ein Daypack. Das Gewicht spielt dabei keine Rolle, das Gepäckstück muss nur unter den Flugzeugsitz passen.

WAS DU ZU HAUSE LASSEN KANNST:

- Camping- und Wanderausrüstung,
- Flüssigkeiten über 100 ml,
- Taschenmesser, Klebeband und Kabelbinder,
- Föhn und Elektrorasierer,
- Nähzeug und Wäschezeug,
- Erste-Hilfe-Set und unnötige Medikamente,
- DSLR/Systemkamera und Kamerastativ.

6. DIGITALE PACKLISTE UND APPS

Die wichtigste Reise-App für dein Smartphone ist eine Offline-Karte mit GPS. Am besten funktioniert das kostenlose *Maps.me*. Lade dir vor der Reise mit schnellem Wifi die Kartendaten für die ersten Reiseländer herunter.

Wikivoyage, auch als *Wikitravel* bekannt, ist der beste kostenlose Reiseführer. Die Tipps sind gerade für günstige Reisen besser als bei *Lonely Planet* und Co. Damit du *Wikivoyage* auch offline nutzen kannst, hol dir die App *Kiwix*. Ein alternativer Offline-Reiseführer heißt *Triposo*.

Das Roaming deines Handy-Tarifs ist außerhalb von Europa viel zu teuer. Der günstigste, aber umständliche Weg für mobiles Internet auf Weltreise ist eine lokale Prepaid-SIM-Karte mit Datentarif. In manchen Ländern bekommst du die schon am Flughafen. In Ländern wie Indien sind lokale SIMs schwer oder unmöglich zu beschaffen. Bei der Suche nach einer lokalen Prepaid-Karte ist die Internetplattform *Prepaid Data SIM Card Wiki* eine unschätzbare Hilfe. Das mobile Internet ist dir wirklich wichtig? Hole dir eine weltweite virtuelle SIM mit zubuchbaren Paketen für einzelne Länder. Es gibt mehrere Anbieter, alle sind teuer.

Um mit Familie, Freunden und auch Behörden oder Banken zu telefonieren, installiere *Skype* und lade dein Guthaben auf. Du kannst damit über das Internet zum Ortstarif Festnetznummern anrufen.

Ein virtuelles privates Netzwerk (VPN) hilft, um möglichst anonym im Internet zu bleiben und Geoblocks zu umgehen. In China kannst du damit außerdem die »Big Firewall« umgehen und so die normalen Dienste von *Facebook* bis *Google* nutzen. Aktuell ist *NordVPN* eine gute Empfehlung, auch für China. Recherchiere, welche VPN in China noch funktionieren, das ändert sich immer mal wieder.

Cloud-Dienste wie *Google Drive, OneDrive, Box* oder *Dropbox* sind praktisch, damit du Daten von überall zugänglich speichern kannst. Aber einen automatischen Backup-Dienst können sie nicht ersetzen. Wenn du mit deinem Laptop reist, solltest du in *Backblaze* investieren. Dann kannst du so viele Daten sichern, wie du willst, für nur 50 US-Dollar pro Jahr.

WiFox ist eine App, um Passwörter für Wifi-Netzwerke an Flughäfen nachzusehen. Ebenfalls nützlich ist ein »MAC Address Changer« wie *Technitium* als Laptop-Software. Damit kannst du deine Netzwerkadresse ändern und dich, so oft du willst, für die halbe Stunde Testzugang im Wifi anmelden.

Reisen heißt, du verbringst viel Zeit im Transit und mit Warten. Sorge vor mit eBooks, aber auch mit Podcasts und Hörbüchern für unterwegs. Am kurzweiligsten ist ein Mix aus Unterhaltung und Information. Beides findest du auf *Audible*. Vergiss, wenn es um eBooks geht, auch eventuelle Reiseführer nicht.

DIE DIGITALE PACKLISTE FÜR DIE WELTREISE

- Maps.me: App zur Offline-Navigation,
- Kiwix: Offlineversion von Wikivoyage,
- Prepaid Data SIM Card Wiki: Infos zu SIMs weltweit,
- Skype: Internet-Telefonie,
- NordVPN: VPN, auch in China,
- Onedrive: gratis Cloud Speicher,
- Backblaze: unlimitierte Backups für 50 USD/Jahr,
- Wifox: Wifi-Finder mit Passwörtern,
- Technitium: Netzwerkadresse ändern für Testzugang,
- Audible: Unterhaltung zum Hören für unterwegs,
- Sonstiges: Pocket, eBooks, Reiseführer, Sprachkurse.

7. ABMELDEN DES WOHNSITZES

Du musst nach Melderecht deinen Wohnsitz in Deutschland abmelden, wenn du keine neue Wohnung im Inland beziehst. Es ist egal, ob du deine Wohnung auflöst oder untervermietest. Ähnliches gilt für Österreich und die Schweiz. Wenn du die Wohnung beibehältst, musst du dich nicht unbedingt abmelden, aber es macht aus praktischen Gründen Sinn.

Eine Abmeldung hat viele Vorteile. Du bist rechtlich auf der sicheren Seite. Du musst während deiner Reise nicht postalisch erreichbar sein, auch nicht für Amtsschreiben oder Mahnungen. Du wirst von der Krankenversicherungspflicht in Deutschland befreit. Du hast mit der Abmeldebescheinigung außerdem ein Sonderkündigungsrecht. Kündige fristlos Handytarif, Internet, Fernsehen und sogar Fitness- und Zeitungsabos.

Eine Abmeldung hat auch Nachteile. Du kannst bestehende Gewerbe mit Betriebsstätte in Deutschland weiterführen, aber kein neues anmelden. Viele Banken lassen dich kein neues Konto eröffnen. Du kannst nicht bei Kommunalwahlen wählen und musst die Stimmabgabe für Bundestag und Landtag beantragen. Du hast keinen Anspruch auf Arbeitslosengeld und ähnliche Leistungen. Von all diesen Möglichkeiten wirst du aber während einer Weltreise sowieso nicht Gebrauch machen.

Es gibt jedoch Weltreisende, die sich nicht abmelden wollen. Sie melden sich für die Dauer der Weltreise bei Familie oder Freunden an. Das ist in Deutschland nach dem neuen Meldegesetz von 2015 eine Scheinmeldung. Im schlimmsten Fall drohen 1000 Euro Strafe für den Reisenden und 50.000 Euro Strafe für den Wohnungsgeber. Ich würde das schon aus Rücksicht auf deine Familie und deine Freunde nicht riskieren.

Abmelden ist kurz und schmerzlos. Du gehst frühestens eine Woche vor Abreise mit deinem Personalausweis zum Bürgeramt. Du wirst dort nach einer Adresse im Ausland gefragt. Nimm einfach die deiner ersten Unterkunft. Fünf Minuten später hat dein Personalausweis den Aufkleber »Keine Hauptwohnung in Deutschland«. Hebe die Abmeldebescheinigung auf und sichere sie in der Cloud. Achtung: In großen Städten musst du eventuell bereits Tage oder Wochen vorher einen Termin vereinbaren!

Solltest du die Abmeldung vergessen haben, kannst du versuchen, dich nachträglich per E-Mail abzumelden. Wenn das bei deinem Bürgeramt nicht geht, kannst du einen Bevollmächtigten beauftragen, dich dort abzumelden. Fülle dafür den Vordruck aus »Vollmacht zur Vorlage bei der Meldebehörde (Abmeldung)«. Eine Vertrauensperson kann dich damit beim Bürgeramt vertreten. Eigentlich musst du dich spätestens nach zwei Wochen abmelden. Es haben sich aber schon viele Leute ohne Strafe später abgemeldet.

Du verlierst deine Staatsangehörigkeit nicht durch eine Abmeldung! Wieder anmelden nach der Weltreise ist ebenfalls eine Sache von fünf Minuten. Für Heimataufenthalte bis zu drei Monaten musst du dich nicht wieder anmelden.

VORTEILE DER ABMELDUNG DES WOHNSITZES

Du solltest während der Reise deinen Wohnsitz ins Ausland abmelden, um:

- die Krankenkasse kündigen zu können,
- postalisch nicht erreichbar sein zu müssen,
- das Sonderkündigungsrecht für Verträge zu nutzen,
- rechtlich auf der sicheren Seite zu sein,
- eine hohe Strafe für Freunde oder Familie zu vermeiden.

8. AUSLANDSKRANKENVERSICHERUNG

Die eine Versicherung, die du unbedingt für jede Reise brauchst, ist eine im Ausland gültige Krankenversicherung. In manchen Ländern wie Kuba, Iran oder Russland ist ein Nachweis einer Krankenversicherung sogar notwendig für das Visum. Achtung: Eine normale Reisekrankenversicherung reicht nicht! Versicherungen für Urlaube gelten maximal sechs bis acht Wochen. Für eine Weltreise ist das viel zu kurz.

Auslandskrankenversicherungen für längere Reisen sind viel günstiger als deutsche Krankenversicherungen. Für gut einen Euro pro Tag bekommst du bereits die Testsieger der *Stiftung Warentest*. Die Versicherung, die am meisten abdeckt und sogar Risikosport einschließt, ist die von *STA Travel*.

Bei vielen Versicherungen kannst du die Beiträge senken, indem du einen Selbstbehalt pro Behandlung akzeptierst. Du musst dann zum Beispiel 50 Euro pro Behandlung selbst übernehmen. Erst ab einer größeren Summe springt die Versicherung ein. Wenn du sowieso keine Lust hast, kleine Beträge einzureichen, kann sich das lohnen. Auslandskrankenversicherungen schließt du vor der Reise ab. Es reicht sogar noch, wenn du das kurz vor Abflug machst. Wenn du schon unterwegs bist, ist es bei vielen Versicherungen zu spät. Es gibt Versicherungen wie *True Traveller*, die du auch von unterwegs abschließen kannst. Vorerkrankungen sind dann aber ausgeschlossen, und sie sind etwas teurer.

Die Gesundheitssysteme in den USA und Kanada sind sehr teuer. Viele Versicherungen schließen deshalb Nordamerika im normalen Tarif aus. Einen Kompromiss bieten *STA Travel* und *True Traveller*, bei denen zwei Wochen Nordamerika pro Laufjahr inklusive sind. Versuche damit auszukommen. Schließe für längere Zeiträume zusätzlich die *True-Traveller*-Versicherung für Nordamerika von unterwegs ab. Die schlechtere Alternative wäre, die gesamte Reise mit einem teuren Nordamerika-Tarif zu versichern.

Die Versicherung von *True Traveller* ist auch für dein Heimatland gültig. Bei *STA Travel* bist du hingegen auf sechs Wochen Heimataufenthalt pro Laufjahr beschränkt. Das sollte selbst für längere Heimatbesuche ausreichen. Du musst bei Leistungen im Heimatland eventuell die Aufenthaltsdauer nachweisen, zum Beispiel per Flugticket. Egal welches Land, Arztkosten musst du immer erst selbst bezahlen. Du bekommst sie dann nach Vorlage der Rechnung erstattet. Die Versicherungen wollen dazu die Rechnung im Original, damit du nicht bei mehreren Versicherungen für die gleiche Leistung Geld einforderst. Manchmal reicht es auch, einen Scan per E-Mail zu schicken und die Rechnung im Original nach der Heimkehr nachzureichen. Du hast dann natürlich ein Verlustrisiko.

Wenn du dich noch nicht genau auf deine Reisedauer festlegen willst, schließe die Versicherung besser für einen längeren Zeitraum ab. Verkürzen ist einfacher als verlängern. *STA Travel* ist kulant und überweist bereits gezahlte Beiträge zurück, wenn du die Reise vorzeitig beendest.

Versuche nicht, die Versicherung auszutricksen. Wenn du im Antrag falsche Angaben machst, ist die Versicherung trotz Versicherungsschein null und nichtig. Wenn du zum Beispiel schon unterwegs bist, schließe keine Versicherung ab, die das nicht ausdrücklich erlaubt. Im Schadensfall prüft die Versicherung deine Angaben, und du bleibst auf den Kosten sitzen.

LEISTUNGEN VON STA TRAVEL FÜR DEUTSCHLAND, ÖSTERREICH UND SCHWEIZ

- bis 5 Jahre – mit/ohne Selbstbehalt – mit/ohne USA,
- 39 bis 46 Euro pro Monat, je nach Alter (mit Selbstbehalt günstiger),
- entgegenkommend und viele positive Bewertungen,
- versichert von der *Allianz* mit Sitz in Deutschland.

LEISTUNGEN VON TRUE TRAVELLER FÜR DEUTSCHLAND, ÖSTERREICH UND SCHWEIZ

- bis 1,5 Jahre – mit/ohne Selbstbehalt – mit/ohne USA,
- 32 bis 48 Euro pro Monat, je nach Alter (mit Selbstbehalt günstiger),
- Abschluss auch von unterwegs möglich, dann etwas teurer,
- versichert von einer *Allianz*-Tochter mit Sitz in England,

Achtung: Die Konditionen von Versicherungen ändern sich im Laufe der Zeit. Den jeweils aktuellen Vergleich findest auf *flocutus.de/auslandskrankenversicherung*.

9. KÜNDIGEN DER KRANKENVERSICHERUNG

Mit deutschem Wohnsitz gilt Krankenversicherungspflicht, ähnlich ist das in Österreich und in der Schweiz geregelt. Dank deiner Abmeldung kannst du deine gesetzliche oder private Krankenversicherung kündigen. Das solltest du unbedingt machen. Deine Krankenversicherung kostet viel Geld und kommt für Leistungen im außereuropäischen Ausland gar nicht auf.

Nach der Rückkehr muss dich dank Krankenversicherungspflicht deine vorherige Krankenkasse wieder aufnehmen. In Deutschland ist seit der Gesundheitsreform 2007 eine sogenannte Anwartschaft für die Wiederaufnahme nicht mehr nötig. Du wirst nach deiner Rückkehr auf jeden Fall aufgenommen, selbst wenn du schwer verletzt zurückkommst.

Kümmere dich vor der Reise darum, damit nach der Rückkehr alles reibungslos läuft. Am besten schließt du eine Vorsorgevollmacht mit einer Vertrauensperson ab. Damit kann der oder die Bevollmächtigte sich im Notfall um Ämter und Krankenkasse kümmern. Alternativ unterschreibst du einen Mitgliedsantrag an deine Krankenkasse, bei dem nur noch das Datum ergänzt werden muss.

Im Normalfall kommst du gesund zurück und meldest dich arbeitslos. Mit dem Bezug von Arbeitslosengeld bist du automatisch krankenversichert. Weil du dich vor der Reise einen Tag arbeitslos gemeldet hast, verjährt dein Anspruch auf Arbeitslosengeld erst nach vier Jahren. Eine Anwartschaft kann sich lohnen, wenn du privat versichert bist. Zwar muss dich auch eine private Krankenkasse auf jeden Fall wieder aufnehmen, aber zu ihren Bedingungen. Das heißt, du verlierst deinen Status und bekommst einen Basistarif oder zahlst mehr als vorher. Eine Anwartschaft kostet aber leider ab 50 Euro pro Monat.

FALLS ES PROBLEME MIT DER KRANKENVERSICHERUNG GIBT

Viele Krankenkassen-Mitarbeiter sind bei einer Weltreise überfordert. Dazu kommen überholte Vorstellungen, zum Beispiel zur Anwartschaft. Wenn die Krankenversicherung sich querstellt, drucke diese Entscheidungen zur Vorlage bei der Krankenkasse aus, in denen die im Text erklärte Rechtsstellung erklärt wird.

Für die gesetzliche
Krankenversicherung:

Für die private
Krankenversicherung:

Pech hast du bei einem Sabbatical. Damit bist du während deiner Weltreise weiterhin angestellt. Mit deinem Gehaltsbezug läuft auch die Krankenversicherung weiter, ohne jede Gegenleistung.

Nach der Kündigung deines Jobs hast du als gesetzlich Versicherter noch 30 Tage Nachversicherungspflicht. Wenn du freiwillig oder privat versichert bist, musst du die Krankenversicherung tagesgenau bis zum Abflug laufen lassen.

10. ABMELDEN UND KÜNDIGEN

Am besten kündigst du Abonnements, Infopost und Ähnliches rechtzeitig vor der Weltreise, siehe Infobox. Wenn du noch wichtige Post erwartest, solltest du einen Nachsendeauftrag stellen. Das geht für die deutsche Post bequem unter *nachsendeauftrag.de* und kostet 25,20 Euro für ein Jahr. Alle Postkarten und Briefe sind inklusive. Aber jedes einzelne Päckchen oder Paket kostet 6,90 Euro extra. Das ist optional.

Es gibt in manchen Städten von der Post unabhängige private Zustelldienste wie *PIN* oder *TNT*. Die musst du extra über deren Webseiten benachrichtigen. Das kostet normalerweise nichts. Egal welcher Zustelldienst: Behördliche Briefe dürfen nicht nachgesendet werden.

Du kannst deine Post auch ins Ausland nachsenden lassen. Das macht auf einer normalen Weltreise aber wenig Sinn. Wenn du wichtige Post erwartest, die keine Vertrauensperson für dich öffnen kann, gibt es eine bessere Alternative. *dropscan.de* ist ein Dienst, der Post für dich empfängt, einscannt und dir per E-Mail schickt. Das kostet ab 13 Euro im Monat. Eine teurere Alternative ist *epost.de* von der deutschen Post.

Manche Haftpflichtversicherungen sind nur bis ein Jahr im Ausland gültig. Wenn du länger verreist, schließe vorher eine international gültige Haftpflichtversicherung ab, die für einen längeren Zeitraum im

Ausland gilt. *haftpflichthelden.de* bietet eine weltweit gültige private Haftpflichtversicherung ohne Meldeadresse mit einem Wassersport-paket und anderen Sonderleistungen für 72 Euro pro Jahr an.

Ein vorhandenes Auto machst du im Bestfall vor der Reise zu Geld. Wenn du es behalten willst, suche jemanden, der es ganz oder regel-mäßig ausleiht, eventuell mit Übernahme der laufenden Kosten. Das erspart Probleme, und regelmäßige Ausfahrten sorgen dafür, dass das Fahrzeug durch die lange Standzeit nicht kaputt geht. Du musst ein Auto nicht abmelden, selbst wenn du deinen Wohnsitz abmeldest.

Wenn du niemanden findest, melde das Auto ab und lege die KFZ-Versicherung still. Nach der Abmeldung darfst du das Auto ohne Kennzeichen aber nicht mehr auf einer öffentlichen Straße abstellen. Du musst also einen Privatparkplatz finden. Am besten hörst du dich bei Freunden um oder fragst einen Autohändler, den du kennst. Ein Parkhaus kann für so lange Zeit ganz schön teuer werden. Es gibt für eine Stilllegung bis 18 Monate eine Ruheversicherung, die für Schäden in dieser Zeit aufkommt. Bei Wiederanmeldung musst du eventuell erst die TÜV-Prüfung aktualisieren.

VERTRÄGE KÜNDIGEN ODER STILLLEGEN?

- Zeitschriften- und Zeitungen,
- Fitnessstudio und Vereine,
- Bausparvertrag und Versicherungen,
- Stadtwerke, Strom und Gas,
- Kabel, Internet und Festnetz,
- Rundfunkbeitrag, Sky und Netflix,
- Handy-Vertrag in Basistarif wechseln.

Mit der Abmeldebescheinigung hast du ein Sonderkündigungsrecht.

VIII.

LISTEN UND LINKS

Im Anhang findest du wichtige Informationen aus dem Buch zusammengefasst, sowie optionale Zusatztipps. Dazu gehören vor allem noch einmal alle Weblinks, die in dem Buch vorkommen. Du hast sie hier übersichtlich zusammengefasst an einer Stelle und kannst ohne lästiges Nachblättern deine Internet-Planung starten.

Wenn du schon bei der Online-Recherche bist, kannst du auch gleich ein paar Bücher und Filme nachschauen. Die bieten neben viel Inspiration auch gelungene Unterhaltung – vor oder während der Reise. Für die langen Wartezeiten während der Reise ist die anschließende Liste von empfehlenswerten Unterhaltungsmedien gedacht.

Ebenfalls findest du hier eine Packliste für Handgepäck. Wie du aus dem letzten Abschnitt weißt, finde ich Packlisten überflüssig. Aber ich will dir natürlich meine Meinung nicht aufdrängen, also entscheide selbst, ob die Liste dir hilft.

Anschließend folgen Listen von Billigfliegern, sortiert nach Verbindung und Region. Die brauchst du dann, wenn du mit den Flugsuchmaschinen keinen günstigen Kurzstreckenflug oder One Way auf der Langstrecke findest.

Ganz am Ende des Buches möchte ich dich noch zu meinem Lieblingshobby auf Reisen ermuntern, der Fotografie. Du kannst selbst mit einem Smartphone viel bessere Fotos machen, als du vielleicht denkst. Schau in meine 20 Fotografietipps rein.

1. PACKLISTE FÜR HANDGEPÄCK

In meiner Liste stehen nur die Sachen, die nach acht Jahren Nonstop-Reisen noch in meinem Rucksack sind, und kein einziger Gegenstand mehr.

1. **Aufbewahrung** (zusammen rund 1 kg)
   * Rucksack My Trail Co Backpack Light 50 l,
   * Daypack, Seide,
   * Geldkatze,
   * Nummernschloss,
   * Zip-Locks,
   * Einkaufstüten.

2. **Kleidung** (zusammen rund 5 kg)
   * 6 T-Shirts,
   * 6 Unterhosen,
   * 4 Paar Socken,
   * 3 BH (für Backpackerinnen),
   * 2 Hosen,
   * 2 Paar Schuhe,
   * Badehose,
   * Langarmhemd für offizielle Anlässe,
   * dünner Pulli, z. B. Merino (zwei für kalte Reiseziele),
   * Multifunktionstuch Buff,
   * Windstopper-Windjacke.

3. **Waschzeug** (zusammen rund 0,5 kg)
   * Zip-Lock als Kulturbeutel.
   * Duschgel/Shampoo 100 ml,
   * Nagel-Clipper (keine Schere im Handgepäck!),
   * Pinzette,

- Zahnbürste und Zahnpasta 100 ml,
- Zahnseide,
- Klopapier,
- Rasierer und Ersatzklingen für Backpacker,
- Tampons/Slipeinlagen/Moon Cups (für Backpackerinnen),
- Reisehandtuch.

4. Reiseapotheke (zusammen rund 1 kg)
- Fieberthermometer,
- Sonnencreme 100 ml,
- Kondome,
- Betaisodona, Jod gegen Pilze, Bakterien und Viren,
- Ibuprofen, Schmerz und Fiebermittel,
- Lopedium, Durchfallmittel,
- Mückenspray DEET 100 ml,
- Moskitonetz für Südasien, Mittelamerika und Afrika.

5. Sonstiges (zusammen rund 0,5 kg)
- Regenschirm,
- Ohrenstöpsel,
- Notizblock und Stift,
- Wizard-Kartenspiel, ähnelt Schafkopf, Skat, Jassen,
- OhneWörterBuch,
- Kaffeefilter.

6. Elektronik (zusammen rund 1 kg)
- Handy oder Smartphone,
- Kopfhörer,
- Reise-Adapter,
- E-Book-Reader,
- Reisekamera,
- Ministativ,
- 3 SD-Karten.

7. Dokumente und Wertsachen (zusammen rund 0,5 kg)
- drei Kreditkarten,
- Auslandskrankenversicherung-Infoblatt,
- Reisepass,
- Impfpass,
- deutscher und internationaler Führerschein,
- 100 $ Bargeld für Visum,
- 100 € Bargeld für Notfälle,

8. Optional für digitale Nomaden (zusammen rund 3 kg)
- Laptop,
- Maus,
- USB-Sticks,
- Mini-Steckdosenleiste,
- externe Festplatte.

Gewichte sind auf +/- 500 Gramm gerundet. Das Gesamtgewicht sind rund 9 Kilo plus 3 Kilo für digitale Nomaden. Rund ein Kilo davon trägst du am Körper. Die Packliste ist für das Handgepäck.

2. NÜTZLICHE WEBSEITEN AUF EINEN BLICK

1. Wohnung untervermieten
- *studenten-wg.de*
- *wg-gesucht.de,*
- *wg-suche.de*

2. Alleinreisende Frauen
- *aworldkaleidoscope.com*
- *bravebird.de*
- *pinkcompass.de*

- *rapunzel-will-raus.ch*
- *steffistraumzeit.de*
- *triffdiewelt.de*

3. Länderinformationen

- Reisewarnungen: *auswaertiges-amt.de*
- Sicherheit: *travelriskmap.com*
- Gesundheit: *travelriskmap.com*
- Visum: *visalist.io*
- Englischkenntnisse: *ef.de/epi*
- Länderinfos: *nomadlist.com*
- SIM-Karten-Wiki: *prepaid-data-sim-card.wikia.com*
- Zeitzonen: *everytimezone.com*
- vegetarische Restaurants: *happycow.net*

4. Flugexperten

- allgemeine Flüge: *flightfox.com*
- speziell Weltreise: *flystein.com*

5. Flug-Schnäppchen

- Deutschland: *tripdoo.de, urlaubsguru.de*
- Europa: *flynous.com, travelfree.info*
- weltweit: *fly4free.com, secretflying.com*

6. Flexible Flug-Suchmaschinen

- gut für alle Flüge: *kiwi.com*
- gut für Round Trips: *flights.google.de*
- gut für Gabelflüge: *kayak.com, matrix.itasoftware.com, swoodoo.com*
- nur für One Ways: *azair.eu*

7. Meta-Preisvergleiche zum Buchen

- alle Flugarten: *momondo.de, skyscanner.de*
- kein Multicity: *flug.idealo.de*

8. Weltreisebüros

- *aroundtheworldticket.de*
- *statravel.de*
- *travel-nation.de*

9. RTW-Ticket

- *airnewzealand.de (Neuseeland)*
- *oneworld.com*
- *qantas.com (Australien)*
- *skyteam.com*
- *staralliance.com*

10. Weiterflüge für One Ways mieten

- *aironwardticket.com*   08 USD – 36 Stunden
- *bestonwardticket.com*   12 USD – 48 Stunden
- *keyflight.io*   15 USD – 7 Tage
- *onewayfly.com*   19 EUR – 10 Monate

11. Weltreise ohne Flugzeug

- Transsibirische Eisenbahn: *andersreisen.net, transsib-tipps.de*
- Kreuzfahrten: *cruisesheet.com, vacationstogo.com*
- Frachtschiffreisen: *langsamreisen.de*
- Hand gegen Koje: *handgegenkoje.de, findacrew.net*

12. Meta-Suchen für Unterkünfte

- Hotels und Airbnbs: *alltherooms.com*
- Hotels und Hostels: *hotelscombined.com, wegoreise.de*
- Nur Hostels: *hostelz.com*
- Airbnb-Alternativen: *tripping.com*
- Sonderangebote: *ratedrop.com*

13. Kostenlos übernachten
- gratis: *couchsurfing.com, sleepinginairports.net*

14. Workaway
- gratis: *grassrootsvolunteering.org, hippohelp.com*
- 20 € pro 2 Jahre: *helpx.net*
- 34 € pro Jahr: *workaway.info*

15. Housesitting
- 45 € pro Jahr: *housecarers.com*
- 65 € pro Jahr: *nomador.com*
- 89 € pro Jahr: *trustedhousesitters.com*

16. Überland-Transport
- Transport-Vergleich: *rome2rio.com*
- Bus-Suche: *busbud.com*
- Infos zu Zügen: *seat61.com*
- Infos zur Anreise: *en.wikivoyage.org*
- Infos zum Trampen: *hitchwiki.org*

17. Fahrzeuge mieten
- Mietwagen-Portale: *billiger-mietwagen.de, happycar.de, mietwagen.check24.de*
- Wohnmobilüberführung: *imoova.com*
- Autoüberführung AUS: *jucy.com.au, transfercar.com.au*
- Autoüberführung NZ: *jucy.co.nz, transfercar.co.nz*

18. Nahverkehr im Web
- Online-Navi mit ÖPNV: *maps.google.de*
- Offline-Navi mit ÖPNV: *here.com*
- Offline-Navi: *mapsme.de*
- Meta-Suche für Uber, Grab etc.: *ride.guru*
- Flughafentransfer-Infos: *en.wikivoyage.org*

19. Aktivitäten mit Locals

- Events: *couchsurfing.com/events*
- Führungen: *airbnb.de/s/experiences, showaround.com, withlocals.com*
- Kochen und Essen: *bonappetour.com, eatwith.com*
- Partys: *partywith.co*

20. Online-Reiseführer

- Reiseführer: *backpackforever.com, en.wikivoyage.org, for91days.com*
- Reiseführer Asien: *travelfish.org*
- Reiseführer günstig: *nomadwiki.org*
- Reiseführer-Listen: *backpackinghacks.de/reiseziele*
- Reiseblog-Karte: *reise2punktnull.de*
- Reiseblog-Kategorien: *flocutus.de/reiseblog-top-lesercharts*
- Reiseblog-Reiseziele: *blogsurfing.de*

21. Flug-Kompensation

- *atmosfair.de*: sehr gut – 23 €/Tonne
- *klima-kollekte.de*: sehr gut – 23 €/Tonne
- *primaklima.org*: sehr gut – 15 €/Tonne
- *myclimate.org*: gut – 22 €/Tonne

22. Inspiration

- Länderübersicht: *travelindependent.info*
- Kuriositäten: *atlasobscura.com*
- Location-Highlights: *locationscout.net, trover.com*
- Foto-Locations: *shothotspot.com*

23. Leute treffen

- Meet-ups: *couchsurfing.com/events, meetup.com*
- Hang-outs: *couchsurfing.com/mobile-hangouts*
- Social-Apps für Reisende: *backpackr.org, travelloapp.com*

- Facebook-Events: *facebook.com/events*
- Facebook-Gruppen: *facebook.com/groups*

24. Cloud-Speicher

- *dropbox.com* (2 GB)
- *onedrive.live.com* (5 GB)
- *box.com* (10 GB)
- *cloud.telekom-dienste.de* (10 GB)
- *drive.google.com* (15 GB)
- *backblaze.com* (Backup 50 $/Jahr)

25. Nützliche Apps

- Wikivoyage offline: *kiwix.org*
- Reiseführer: *triposo.com*
- Offline-Navi: *mapsme.de*
- Offline-Navi mit ÖPNV: *here.com*
- Übersetzer: *translate.google.com/intl/de/about*
- Währungsumrechner: *xe.com/apps*
- Karte mit Wi-Fis: *wifimap.io*
- Wetter weltweit: *downloads.accuweather.com*
- Reise-Budget: *tripcoinapp.com*
- Artikel offline lesen: *getpocket.com*
- Bildbearbeitung: *pixlr.com*
- Wi-Fi-Passwörter: *foxnomad.com/wifox-faq*

26. Gebührenfreie Reise-Kreditkarten

- *santander.de (1Plus VISA)*
- *dkb.de (DKB-Cash)*
- *norisbank.de (Top-Girokonto)*
- *barclaycard.de (Barclaycard Visa)*
- *payvip.de (Advanzia PayVIP)*

27. Auslandskrankenversicherung
- *hansemerkur.de*: bis 1 Jahr
- *statravel.de*: bis 5 Jahre
- *truetraveller.com*: bis 1,5 Jahre

28. Blogs über günstiges Weltreisen
- *backpackinghacks.de*
- *flocutus.de*
- *loveandcompass.de*
- *reisefroh.de*
- *weltreiseforum.com*
- *worldonabudget.de*

3. INSPIRATIONSQUELLEN FÜR REISENDE

Lass dich inspirieren von Filmen, Büchern, TED-Talks und Podcasts über das Reisen.

Filme

- *A Map for Saturday* (2007)
  Brook filmt sein Sabbatjahr, vom Tag der Kündigung bis nach der Rückkehr von seiner Weltreise.

- *Hotel Very Welcome* (2007)
  Fünf Backpacker machen auf ihre jeweils eigene Art Asien unsicher. Die Antihelden persiflieren Rucksackreisende.

- *Qué tan lejos* (2006)
  Esperanza aus Spanien besucht mit dem Rucksack Ecuador. Nichts läuft nach Plan, und das ist gut so.

- *The Beach* (2000)
  Der wohl bekannteste Backpacker-Film hat selbst zum Rucksack-Massentourismus beigetragen.

- *Weit* (2017)
  Ein deutsches Paar reist dreieinhalb Jahre, ohne zu fliegen, um die Welt. Sie trampen, couchsurfen und schlafen im Zelt.

Bücher

- Alain de Botton: *Die Kunst des Reisens* (2004)
  Tiefgehende Betrachtung des Reisens vom Populär-Philosophen de Botton.

- Johannes Klaus (Hg.): *The Travel Episodes* (2016–2018)
  Drei Bände mit Reisegeschichten mit Tiefgang von deutschen Autoren.

- Dan Kieran: *Slow Travel* (2014)
  Eine Hommage an das Langsamreisen. Leider mit schwachem zweitem Buchteil.

- Rolf Potts: *Weltenbummeln – Vagabonding* (2002)
  Tipps und Gedanken zum Langzeitreisen und zum Reisen als Lebensinhalt (auch als englisches Hörbuch).

- Christopher Schacht: *Mit 50 Euro um die Welt* (2018)
  Fast ohne Geld geht Christopher auf seine abenteuerliche Vagabunden-Weltreise.

TED-Talks

- Adam Baker: »Sell your crap. Pay your debt. Do what you love« (2011)
  Was ist Freiheit und was hat das mit Konsum und Erfahrungen zu tun?

- Andrew Evans: »Open Road Open Life« (2011)
  Reisen ist etwas anderes als Tourismus. Gedanken zum Langsamreisen und Überlandreisen.

- Doug Lansky: »How to fix Travel« (2015)
  Wie man als Reisender Übertourismus begegnet und vermeidet.

- Jen Rubio: »The Anticipation of Travel« (2012)
  Wie Erwartungen Reise-Erlebnisse kaputt machen können und was man dagegen tun kann.

- Rick Steve: »The Value of Travel« (2011)
  Menschen machen eine Reise aus, und wir können viel in anderen Ländern lernen.

Deutsche Podcasts

- Off the Path
  Verschiedene Themen und Reiseziele, mit wechselnden Interviewpartnern besprochen.

- Weltwach
  Eher um Abenteuer und Outdoor als um das Reisen geht es bei den Interviewpartnern im Weltwach-Podcast.

- Luftpost
  Wechselnde Interviewpartner stellen kurz verschiedene Reiseziele vor.

4. DIGITALE UNTERHALTUNG FÜR UNTERWEGS

Auf dich kommen viele lange Flüge, Busfahrten und Zugfahrten zu. Wenn dir das Aus-dem-Fenster-Schauen zu langweilig wird.

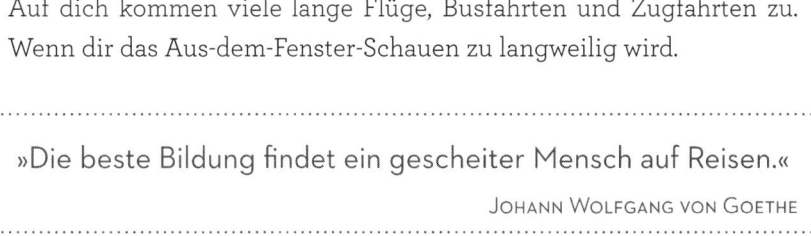

»Die beste Bildung findet ein gescheiter Mensch auf Reisen.«

JOHANN WOLFGANG VON GOETHE

Ich weiß, Goethe hat keine Hörbücher, Podcasts und Onlinekurse (MOOC) damit gemeint, aber er wäre sicher nicht abgeneigt, sich auf diese Art schlau zu reisen.

Interessante deutsche Hörbücher

* Yuval Noah Harari: *21 Lektionen für das 21. Jahrhundert*
Eine Achterbahnfahrt durch die Problemstellungen unserer Zeit mit Lösungsansätzen.

* Bas Kast: *Der Ernährungskompass*
Enthält Ernährungsratschläge, die zur Abwechslung einmal wissenschaftlich durch Studien belegt sind.

* Richard David Precht: *Jäger, Hirten, Kritiker*
Der bekannte Philosoph entwirft eine Utopie für die deutsche Gesellschaft.

* David Graeber: *Schulden, die ersten 5000 Jahre*
Der selbsterklärte Anarchist erklärt unser Währungssystem mit überraschenden Konsequenzen.

- Harald Lesch: *Wenn nicht jetzt, wann dann*
  Der bekannte Wissenschaftler glaubt nicht, dass Politik und Wirtschaft noch die Klimakurve bekommen, und gibt Handlungsanreize.

Interessante englische Hörbücher

- Jared Diamond: *Guns, Germs and Steel*
  Warum sind manche Völker Sieger und andere Verlierer der Globalisierung?

- Mark Manson: *The Subtle Art of Not Giving a F*ck*
  Selbsthilfe für Leute, die keine Selbsthilfe leiden können.

- Sam Harris: *Waking Up*
  Spiritualität und Meditation ohne Religion.

Interessante englische MOOCs (Massive Open Online Course)

- Shelly Kagan: *Death*
  Überlegungen zum Leben und Tod mit dem vielleicht sympathischsten Professor aller Zeiten.

- Michael Sandel: *Justice*
  Das vielleicht bekannteste MOOC ist hörenswert, auch wenn es manchmal stark libertär wird.

- Rick Roderick: *Self under Siege*
  Kurzweilige Philosophie für die Neuzeit mit texanischem Akzent.

Interessante englische Podcasts

- Dan Carlin: *Hardcore History*
  Geschichte, aber interessant und nicht selten blutrünstig.

- Stephen West: *Philosophize this*
  Philosophie von Plato bis heute mit einfach zugänglichen und kurzweiligen Erklärungen.

- Levitt & Dubner: *Freakonomics*
  Kurzweilige und oft überraschende Betrachtungen des Alltags.

Interessante englische Youtube-Kanäle

- Um YouTube-Videos herunterzuladen, gibt es Browser-Plug-ins
- Hank Green & Co.: Crash Course
  Verschiedene Themenengebiete werden in einer Reihe von kurzen Abschnitten aufbereitet.
- Talks at Google
  Experten für die ausgefallensten Bereiche halten Vorträge in der »Google-Universität«.

5. LISTE DER LANGSTRECKEN-BILLIGFLIEGER

Billigflieger hingegen verlangen anders als klassische Airlines für ein One-Way-Ticket einen fairen Preis, also genau die Hälfte eines Hin- und Rückflug-Tickets. Leider sind Billigflieger auf der Langstrecke noch relativ neu und eher die Ausnahme.

Wenn du mit der Flugstrategie »One Way« fliegst, solltest du immer grob im Kopf haben, wie du günstig zum nächsten Kontinent kommst. Alle Langstrecken-Billigflieger findest du deshalb auf der

Karte in der Buchmitte und in der folgenden Liste. Was bei Flügen innerhalb einer Flugzone oder auf Rennstrecken zu beachten ist, behandelt das nächste Kapitel. Jede Verbindung ist symmetrisch umkehrbar. Es sind nur Direktflüge in der Liste. Viele Billigflieger haben auch Zubringerflüge von anderen Städten, zum Beispiel gibt es für den Flug von Oslo nach Bangkok mit Norwegian einen Zubringerflug von Berlin nach Oslo.

Diese Liste von Langstrecken-Billigfliegern ist aufwendig recherchiert. Es ist aber nur eine Momentaufnahme in einem sich schnell ändernden Markt.

Langstrecken-Billigflieger nach Kontinentalverbindung:

Europa – Südostasien
- Eurowings: Düsseldorf – Bangkok
- Eurowings: München – Bangkok
- Norwegian: Kopenhagen – Bangkok
- Norwegian: Kopenhagen – Krabi
- Norwegian: London – Singapur
- Norwegian: Oslo – Bangkok
- Norwegian: Oslo – Krabi
- Norwegian: Stockholm – Bangkok
- Norwegian: Stockholm – Krabi
- Scoot: Athen – Singapur
- Scoot: Berlin – Singapur

Europa – Südasien
- Condor: Frankfurt – Male
- Jet Airways: Brüssel – Delhi
- Jet Airways: Brüssel – Mumbai
- Jet Airways: London – Delhi
- Jet Airways: London – Mumbai

Europa – Ostasien

- Aigle Azur: Paris – Peking

Europa – Zentralasien

- Air Baltic Riga – Taschkent

Südasien – Ostasien

- Jet Airways: Mumbai – Hongkong
- Jet Airways: Delhi – Hongkong

Naher Osten – Südostasien

- Air Asia: Jeddah – Kuala Lumpur
- Cebu Air: Dubai – Manila
- Scoot: Jeddah – Singapur

Europa – Südamerika

- Aigle Azur: Paris – São Paulo
- Azul Airlines: Paris – Campinas
- Azul Airlines: Lissabon – Campinas
- Condor: Frankfurt – Tobago
- Norwegian: London – Buenos Aires
- Level: Barcelona – Buenos Aires

Nordamerika – Südamerika

- Azul Airlines: Miami – Curitiba
- Azul Airlines: Orlando – Curitiba
- Azul Airlines: Orlando – Recife
- GOL: Punta Cana – São Paulo
- Interjet: Mexico City – Lima
- Jetblue: Miami – Quito
- Jetblue: Miami – Lima
- Spirit Air: Miami – Guayaquil
- Spirit Air: Miami – Lima

Ostasien – Hawaii

- Air Asia: Kuala Lumpur – Honolulu
- Jin Air: Seoul – Honolulu
- Scoot: Tokio – Honolulu

Ozeanien – Hawaii

- Jetstar: Melbourne – Honolulu
- Jetstar: Sydney – Honolulu

Hawaii – Nordamerika

- Sun Country: Honolulu – Minneapolis
- Sun Country: Honolulu – Portland
- Westjet: Honolulu – Calgary
- Westjet: Honolulu – Vancouver

Europa – Ostafrika

- Condor: Frankfurt – Daressalam
- Condor: Frankfurt – Kilimanjaro
- Condor: Frankfurt – Mombasa
- Condor: Frankfurt – Sansibar
- Eurowings: Düsseldorf – Mauritius
- Tuifly: Brüssel – Sansibar
- XL Airways: Paris – Reunion

Europa – Westafrika

- Aigle Azur: Marseille – Dakar
- Aigle Azur: Paris – Barnako
- Tuifly: Brüssel – Banjul
- Vueling: Barcelona – Banjul
- Vueling: Barcelona – Dakar

Europa – Südliches Afrika
- Eurowings: Düsseldorf – Windhoek
- Eurowings: München – Windhoek

Es gibt aktuell keine Billigflieger-Verbindungen auf der Südhalbkugel, und das ist auch in Zukunft unwahrscheinlich.

6. LISTE DER KURZSTRECKEN-BILLIGFLIEGER

Billigflieger für Kurzstrecken sind viel leichter zu finden als für die Langstrecke. Du musst allerdings auf die Flugzonen und Rennstrecken achten, siehe Karte in der Buchmitte.

Leider findest du selbst mit der Flugsuchmaschine *Kiwi* nicht immer alle relevanten Billigflieger. Indigo ist zum Beispiel in und nach Indien mein Lieblings-Billigflieger, aber taucht selten in den Suchergebnissen auf. Southwest in den USA, der älteste Billigflieger der Welt, lässt sich sogar absichtlich nicht in Suchmaschinen listen.

Die folgende Liste ist eine Momentaufnahme von empfehlenswerten Billigfliegern in jeder einzelnen Flugzone in der Karte. Wenn du keinen günstigen Kurzstreckenflug in der Flugsuche findest, schau direkt auf die Webseiten dieser Airlines:

Europa und Nordafrika
- Aegean, Air Arabia, Air Baltic, Buta Air, HOP!, Easyjet, Eurowings, Flybe, Germania, Jet2, Monarch, Norwegian, Pobeda, Red Wings, Rusline, Ryanair, Sunexpress, Transavia, Volotea, Vueling, Wizz Air.

Naher Osten
- Air Arabia, Fly Dubai, Jazeera Air, Nas Air, Salam Air.

Südasien

- Airblue, Air India Express, Air Sahara, Indigo, Jet Airways, Jet Lite, Spicejet.

Südostasien

- Air Asia, Cebu Pacific, Citylink, Jetstar, Lion, Malindo, Nok Air, Scoot, Smile, Thai Firefly, Vietjet.

Ostasien

- Air Asia, Eastar, HK Express, Jeju Air, Jin Air, Peach, Spring Air, T'way Air, Vanilla Air, West Air.

Nordamerika

- Allegiant, Flair Air, Frontier, Interjet, Jetblue, Jetlines, Southwest, Spirit, Swoop, Sun Country Air, Viva Aerobus, Viva Colombia, Wingo.

Ozeanien

- Jetstar, Scoot, Virgin.

Südliches Afrika

- Flysafair, Kulula, Mango.

Westafrika

- Arik Air, Dana Air, Starbow.

Ostafrika

- Fastjet, Fly540, Jambojet.

Brasilien/Paraguay

- Azul, Gol.

Argentinien/Uruguay
- Flybondi, LADE, Norwegian (Argentina).

Chile
- Jetsmart, Sky Airlines.

Peru
- LC Peru, Star Peru, Viva Air Peru.

Bolivien
- Amaszonas, EcoJet.

Zentralasien
- Air Manas.

7. TIPPS FÜR BESSERE FOTOS

Abschließend noch etwas, das kein Spartipp ist, sondern eine persönliche Empfehlung. Eine lange Reise ist der ideale Zeitpunkt, um einmal richtig Fotografieren zu lernen. Es ist dabei egal, ob du mit Kamera oder Smartphone unterwegs bist. Deine Weltreise wird einmalig. Daran wirst du dich für den Rest deines Lebens erinnern wollen. Halte dich bei Fotos also nicht zurück. Das Fotografieren selbst kann außerdem deine Reise bereichern, wenn es dir Spaß macht.

> »Es geht nicht darum, wo du hinschaust, sondern was du dort siehst.«
> HENRY DAVID THOREAU

Fehlt dir die Fotografie-Erfahrung? Mit den 20 Fototipps gelingen auch Gelegenheitsknipsern gute Bilder. Die Tipps 1 bis 15 gelten auch für Handys. Du brauchst keine Profi-Kamera für gute Bilder. Aber eine kleine Profikompakte hilft viel.

Mache viele Bilder, jeden Tag

* Fotografiere und experimentiere viel. Mache mehrere Fotos vom selben Motiv mit verschiedenen Einstellungen und Blickwinkeln.

Aussage und Motiv sind alles

* Alles andere ist egal, wenn das Motiv interessant genug ist. Auf keinem der Nessie- oder UFO-Bilder ist irgendwas erkennbar, und trotzdem hast du sie angeschaut.

Die richtige Tageszeit ist Gold

* Die meisten Motive kommen nur zur richtigen Tageszeit zur Geltung. Die Zeit um Sonnenaufgang und -untergang heißt aus gutem Grund »goldene Stunde«.

Weglassen: Weniger ist mehr

* Beschränke dich auf einen Schwerpunkt und lasse gezielt weg. Achte darauf, dass der Hintergrund nicht mit dem Motiv konkurriert.

Bildgestaltung: Regeln und Ausnahmen

* Vermeide den Anfänger-Reflex, dein Motiv in die Bildmitte zu legen. Lerne nach und nach Kompositionsrichtlinien wie Drittel-Regel oder Goldener Schnitt, Leitlinien und Rahmen.

Sortiere Bilder schnell aus

* Wenn das Foto noch frisch ist, kannst du am besten aus Erfolgen und Fehlern lernen. Lösche schlechte Bilder erbarmungslos.

Lerne Bildbearbeitungs-Grundlagen

* Bildrauschen reduzieren, ausrichten, zuschneiden und nachschärfen sind Grundlagen. Wichtig sind auch das Einstellen des Kontrasts und das gezielte Aufhellen von Schatten/Mitte/Lichter.

Günstige Bildbearbeitungs-Software

* Freeware wie *Paint.NET*, *Gimp* oder die Web-App *Pixlr* reichen für die Grundlagen. *Affinity Photo* ist eine günstige *Photoshop*-Alternative.

JPEG-Dateien statt RAW-Format

* Lass dich von der RAW-Panikmache nicht verunsichern. Fast immer reicht JPEG aus. Spar dir den Aufwand und Speicherbedarf.

Stative sind wichtigstes Fotozubehör

* Ein Stativ ist unersetzlich. Damit kannst du die Nachteile einer kleinen Kamera meist ausgleichen. Ein Ministativ reicht, zum Beispiel das magnetische *GPod Mini*.

Backup: Sichere oft und mehrmals

* Drei aktuelle Backups sind besser als zwei. Nimm mehrere Speicherkarten mit und lasse die Fotos darauf. Sichere die Dateien möglichst oft auf eine Festplatte und in der Cloud.

Meide den eingebauten Blitz

* Der eingebaute Mini-Blitz ist nicht als Lichtquelle gedacht, sondern zum Aufhellen bei grellem Sonnenschein und Gegenlicht. Am besten ganz vermeiden.

Kontrolliere mit »Focus and Recompose«

* Fokussiere mit nur einem Autofokus-Messpunkt auf das Motiv, drücke den Auslöser halb durch und ziehe den Sucherausschnitt so, wie du ihn für die Komposition haben willst.

Fotografiere im Automatikmodus

* Der Automatikmodus spart Zeit und Nerven, vor allem wenn du gerade erst anfängst. Auf den Automatikmodus moderner Digitalkameras kannst du dich meist verlassen.

Kontrolliere auf dem Bildschirm

- Vertrauen ist gut, Kontrolle ist besser. Wiederhole ein Foto so lange, bis auf dem Bildschirm alles passt. Lerne mit der Belichtungskorrektur (+/-) nachzuhelfen.

Lerne den Blendenmodus (A)

- Der Automatikmodus reicht nicht immer. Nutze den Blendenmodus für viel Schärfentiefe bei Architektur und Natur sowie für wenig Schärfentiefe bei Porträts.

Verzichte auf unnötiges Fotozubehör

- Das meiste Fotozubehör kannst du dir schenken. Sinnvoll sind Ersatzakku, Brillenputztücher und für eine Profikompakte eine kleine Umhängetasche.

Vergiss Anfänger-Objektive im Kit

- Kit-Zooms werden zusammen mit Kameras angeboten. Eine leichte Profikompakte ist besser als eine Spiegelreflex- oder Systemkamera mit so einem Kit-Objektiv.

Objektive sind wichtiger als die Kamera

- Für Lichtleistung und Bildqualität sind Objektive wichtiger als die Kamera. Investiere in Wechselobjektive, sonst hast du keinen Vorteil durch eine Systemkamera.

Deine Kamera muss klein sein

- Die beste Kamera ist die, die du dabei hast. Du schleppst ungern eine schwere Spiegelreflexkamera mit lichtstarkem Zoom? Hol dir eine Profikompakte als Reisekamera.